Keramische Ausspartechniken

Keramische Ausspartechniken

Peter Beard

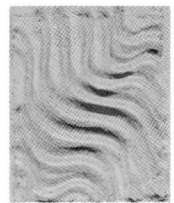

Verlag Paul Haupt
Bern • Stuttgart • Wien

Zum Autor:
Peter Beard ist ein bekannter Keramiker
und unterrichtet am Kent Institute of Art and
Design. Er ist Mitglied der Craft Potters
Association. 1990 wurde ihm der »Award of
Merit« beim Fletcher Challenge Wettbewerb
verliehen. Seine Werke sind in einer Vielzahl von
Ausstellungen sowie in vielen Büchern über
Keramik vertreten.

Die englische Originalausgabe erschien bei
A & C Black Ltd, GB-London,
unter dem Titel »Resist and Masking Techniques«
von Peter Beard
Copyright © 1996 by Peter Beard

Aus dem Englischen übersetzt von
Ansgar Tolksdorf, D-Rheinbach
Satz der deutschen Ausgabe:
Thomas Heider, D-Bergisch Gladbach

Umschlagvorderseite: Peter Beard (GB), Vase

Umschlagrückseite: Greg Daly (Australien),
Schalenausschnitt

Titelseite 2: Peter Beard (GB), Gedrehtes Gefäß,
Höhe 29 cm. Schichten von verschieden hoch
brennenden Glasuren, aufgetragen mit einem
Tupfer aus Schaumstoff und Strumpfnetz

Titelseite 3: Erkennungszeichen des Autors.
Jeder angehende Keramiker sollte sich einen
individuellen Stempel anfertigen und als Erkennungszeichen verwenden.

Die Deutsche Bibliothek – CIP-Einheitsaufnahme

Beard, Peter:
Keramische Ausspartechniken / Peter Beard. -
Bern ; Stuttgart ; Wien :
Haupt, 2001
    Einheitssacht.: Resist and masking techniques <dt.>
    ISBN 3-258-06237-4

http://www.haupt.ch

Inhalt

Dank

Ich danke für ihre Unterstützung und technische Hilfe:

Hilary Dawber, Phil Rogers, Ian Gower (Fotos), der Zeitschrift *Ceramic Monthly* Magazine (USA), T.C.A.S. Spray Equipment, Stoke and Trent City Museum and Library sowie all den zahlreichen Künstlern und Lieferanten, die ihr Wissen und ihre Produkte zur Verfügung gestellt haben, die ich allerdings hier leider nicht alle aufzählen kann.

Einleitung

Es gibt viele einfache und komplizierte Techniken, die von Keramikkünstlern und Töpfern auf der ganzen Welt angewandt werden. Dabei hat jeder Einzelne seinen eigenen Stil, der in seinen Objekten zum Ausdruck kommt und der sich nicht nur aus seinem Interesse an bestimmten Formen, kulturellen Einflüssen und ästhetischen Vorstellungen entwickelt hat, sondern auch durch das Studium und die Entwicklung von besonderen Techniken. Diese Techniken haben sich durch Übung und Experimentieren von bescheidenen Anfängen bis zu einem unverzichtbaren und unverwechselbaren Teil des künstlerischen Ausdrucks entwickelt. Eine simple und manchmal logische Herangehensweise wird in den Händen eines Experten zum wundersamen Ausdrucksmittel für die Schaffung von Werken hoher Qualität. Wir alle haben einmal im Leben gesehen, wie jemand mit großen Fähigkeiten scheinbar mühelos vor unseren Augen etwas geschaffen hat, das sich als äußerst schwierig herausstellte, als wir uns selber daran versuchten.

Die in diesem Buch dargestellten Arbeiten stellen Resultate dieser ausgereiften Techniken dar. Einer meiner ersten Eindrücke beim Schreiben dieses Buches war, dass immer wieder Objekte von hoher Qualität geschaffen werden, aber auf viele verschiedene Weisen und unter Verwendung desselben Basiswissens, und dass diese Techniken oft sehr einfach sind. Meine Absicht ist es, die Leserinnen und Leser – seien es Anfänger, Studierende oder Profis, die nach neuen Anregungen suchen – von den einfachsten Techniken hin zu den komplizierteren zu leiten und zu zeigen, dass sich mit einfacher Ausrüstung und wenig Vorkenntnissen interessante Keramiken erreichen lassen und wie sich diese Bereiche umso mehr ausweiten und den individuellen Aussagen anpassen lassen, je mehr sich Selbstvertrauen und Verständnis entwickeln. Die meisten der Verfahren sind simpel, aber ich hoffe, dass Sie durch das Experimentieren mit Engoben, Glasuren und Farben in Verbindung mit einer oder mehreren Ausspartechniken Ihr Wissen und Ihre Freude an dem Medium erweitern können, das sich »Keramik« nennt.

Von links nach rechts: Teller, schwarzer Untergrund mit Goldlüster. Staffordshire Porzellan, 1828–1830. Schwarzer Untergrund mit Zuckerwasser ausgespart.

Teekanne, blau und weiß, Kobaltfarbe durch Pergament- oder Velinpapier gestäubt, um einen Abschnitt für das Dekor auszusparen. Bow Porzellan 1775.

Platte, Steingut mit Zinnglasur, Bristol oder Wincanton 1750–60. Mangandioxid durch Pergament- oder Velinpapier gestäubt, um eine Aussparung für das Dekor zu schaffen. Mit freundlicher Genehmigung des Stoke on Trent City Museum.

1. Geschichte und Übersicht der Ausspartechniken

Frühe Dekore

Als vor Jahrhunderten ein Aborigine seine Hand auf einen Fels legte und Ockererde aus seinem Mund darüber sprühte, so dass die Handform darunter zum Vorschein kam, war dies eine erste Verwendung einer einfachen Maske. Wenn dies auch kein keramisches Ereignis war, so stellt es doch die Verwirklichung der Idee dar, mit Masken zu dekorieren. Bekanntermaßen entwickelte sich die Töpferei von simplen, in Daumen- und Aufbautechnik hergestellten Gefäßen ohne Muster hin zu Töpfen, die durch Ritztechniken und das Eindrücken von gefundenen Gegenständen ein einfaches Dekor erhielten.

Im Lauf der Jahrhunderte entwickelten sich immer durchdachtere Formen, Dekore und Brenntechniken. Die Verwendung von Masken jedoch scheint von den frühen Töpfern lange Zeit nicht weiterentwickelt worden zu sein. Selbst das Aufkommen von Engoben und Glasuren und die Entdeckung der Farboxide haben diese Technik nicht besonders belebt. Die Dekorationstechniken beschränkten sich weiterhin darauf, Schlicker mit den Fingern zu verwischen, Engobelinien auf das Gefäß laufen zu lassen, und auf das Schneiden, Kratzen und die Verwendung von Pinseln. Die Griechen etwa stellten zwischen 400 und 300 v. Chr. äußerst filigrane »schwarzfigürliche Ware« her, indem sie mit dem Pinsel komplizierte Bemalungen aus kolloidaler Engobe anfertigten, die in einem sorgfältig kontrollierten Reduktionsbrand mit dem Rauch reagierte, wobei der bekannte schwarzfigürliche Stil entstand.

Beim Oxidationsbrand herrscht im Ofen Sauerstoffüberschuss und die Flamme gibt CO_2 ab, so dass das Erhitzen der Ware keine besonderen Auswirkungen auf den Sauerstoffgehalt des Tones hat. Beim Reduktionsbrand wird der Flamme nicht genug Sauerstoff für eine vollständige Verbrennung zugeführt, so dass CO frei wird. Die Flamme versucht nun, an mehr Sauerstoff zu kommen und entzieht ihn dem Ton, wo der Sauerstoff in Form von Metalloxiden vorliegt. Durch den abgegebenen Sauerstoff werden die Metalle freigesetzt und die Farbe des Tons ändert sich. Die von den Griechen verwandte Kolloidengobe hatte einen hohen Eisengehalt und wurde daher im Reduktionsbrand schwarz. Die Kolloidengoben sintern wegen ihrer hohen Dichte schneller als der Scherben des Gefäßes, in diesem Fall bei 850 °C. Dann wurde Sauerstoff in den Ofen gelassen, so dass der Scherben, der schwarz geworden war, reoxidierte und rot wurde, denn die Sintertemperatur des Scherbens lag aufgrund seiner weniger dichten Struktur höher als die der Engobe, welche ja durch die Sinterung »versiegelt« war und schwarz blieb. So entstanden die schwarzen Figuren auf rotem Untergrund. Nun könnte man sagen, dass mit der Engobe der darunter liegende Ton ausgespart wurde, aber in Wirklichkeit machten sich die Griechen zunutze, dass die Engobe eher schwarz wurde als der Scherben. Ich erwähne diese Technik hier, weil später im Text gezeigt wird, wie Künstler heute kolloidale Engoben wegen dieser Eigenschaft als eine Art Maske verwenden.

Ausspartechniken

Erst Ende des 17. und Anfang des 18. Jahrhunderts, als Töpferware für den Weltmarkt produziert wurde und Steinzeug und Porzellan mit Zinnglasuren entwickelt wurden, kamen auch Ausspartechniken verstärkt zum Zuge. Ausschlaggebend war offenbar die Entwicklung einer breiten Palette von Farben für Unter- und Aufglasurdekore sowohl für Steinzeug als auch für Porzellan. Diese Entwicklung fand hauptsächlich in keramischen Hochburgen wie Stoke-on-Trent in England statt.

Die Verwendung von Farboxiden wie Kupfer, Eisen und Mangan war schon weit verbreitet, aber die gestiegenen Ansprüche der Kundschaft verlangten nach einer größeren Farbauswahl. Ein Auslöser für diese Nachfrage war auch die aus China importierte, vielfarbige Keramik. Im frühen 18. Jahrhundert war die Wissenschaft von der Farbherstellung bereits weit entwickelt, aber jede Fabrik besaß eine eigene Farbenwerkstatt. Ende des 17. Jahrhunderts verließen Farbenmacher die Fabriken und eröffneten eigene Werkstätten, um die Industrie mit Farben zu versorgen.

Die Anwendung der Farben war in vier Hauptgruppen unterteilt: *Unterglasurfarben* wurden, wie der Name vermuten lässt, auf die geschrühte Ware gemalt, überglasiert und dann gebrannt. *Farbige Glasuren* wurden auf Schrühware, aber auch auf bereits glasierte, aber ungebrannte Flächen aufgetragen. Bei *Majolika, Delfter Fayence* und *zinnglasiertem Steinzeug* wurden die Farben auf eine Schicht aus ungebrannter weißer Zinnglasur aufgetragen. Schmelzglasurfarben schließlich wurden auf bereits gebrannte, glasierte Fläche aufgebracht. Die Schmelzglasuren konnten bei einer niedrigeren Temperatur gebrannt werden als die Basisglasur (solange sie mit der Oberfläche verschmolzen) und ermöglichten eine Vielzahl verschiedener Farben, weil manche komplizierte Farben bei hohen Brenntemperaturen gar nicht möglich waren.

Die Entwicklung einer breiten Palette von Farben mit so vielsagenden Namen wie Cassiusscher Purpur (in Königswasser aufgelöstes Gold, was Pink bis Lila ergibt) bedeutete, dass eine viel ausgefeiltere Dekoration möglich und umgekehrt auch vom Publikum verlangt wurde. Bei der Dekoration kam anfangs hauptsächlich der Pinsel zum Einsatz, und zwar sowohl bei größeren Farbflächen als auch bei detaillierteren Darstellungen und Blumen. Obwohl es möglich war, mit dem Pinsel große Farbflächen, besonders mit Kobaltblau, herzustellen, so gelang eine wirklich gleichmäßige Farbwirkung nur mit viel Geschick und Übung. Die Zugabe von verschiedenen Ölen – für einen besseren Fluss der Farbe – war hilfreich, aber das Ergebnis nicht immer befriedigend.

Da die Nachfrage nach immer mehr Ware von gleicher Qualität anstieg, mussten schnellere Produktionsmethoden mit höheren Qualitätsstandards entwickelt werden. Und hier kamen nun die Ausspartechniken verstärkt zum Einsatz. Weil in der Töpferindustrie die Fertigkeiten vom Meister an den Lehrling weitergegeben wurden, war es auch kaum nötig, Arbeitsmethoden niederzuschreiben, und deshalb existieren auch heute nur sehr spärliche Unterlagen. Glücklicherweise werden einige industrielle Techniken für die Herstellung hochwertiger handdekorierter Ware noch heute angewandt. Die erste nachweisbare regelmäßige Verwendung von Ausspartechnik, die ich entdeckte, datiert aus dem Jahr 1750 (siehe Foto auf Seite 8). Zu dieser Zeit war es üblich, große Flächen des Objektes mit einer gleichmäßigen Farbe zu versehen und dabei einen Bereich auszusparen, in dem dann mit dem Pinsel Szenen und florale Motive gemalt wurden. Die Abbildung zeigt eine zinnglasierte Steinzeugschale aus Bristol oder Wincanton, England, bei der ausgeschnittene Formen aus Velinpapier aufgelegt wurden, worauf man die ganze Schale mit Manganpuder bestäubte. Weil die Manganfärbung im Brand nur minimal mit der Glasur verschmolz, musste die Maske nicht besonders akkurat sein. Daher war es auch nicht nötig, die steife Maske sonderlich fest mit der Oberfläche zu verbinden, um zu verhindern, dass das Puder unter die Maske gelangte. Wenn der Puderauftrag vertikal geschah, war die Gefahr des Kriechens ohnehin gering.

Wenn bei einem Stück vor der Pinseldekoration mehrere Farben großflächig aufgetragen werden sollten, machte man sich die wasserabstoßenden Eigenschaften von Tierfetten zunutze. Die Technik, mit der verhindert wurde, dass eine Farbfläche von einer anderen Farbe berührt wurde, nannte man »stopping«. Verschiedene Ölarten waren ausprobiert worden, aber sie neigten dazu, ungleichmäßig in den geschrühten Scherben einzuziehen, so dass sie nicht die gewünschte Wirkung zeigten. Für scharfe Kanten benutzte man geschmolzenen Hammeltalg.

Der Bereich, auf den die erste Farbe aufgetragen werden sollte, wurde mit Kohle abgegrenzt, und die restlichen Bereiche großzügig mit Fett bestrichen. Dabei war darauf zu achten, dass eine klare Begrenzung entstand und dass kein Fett auf die für Farbe vorgesehenen Bereiche kam. Üblicherweise wurde die Farbe durch Tauchen aufgebracht, aber mit dem Pinsel ging es auch, solange das Fett hart genug war, um nicht durch den Pinsel verschmiert zu werden. Nach dem ersten Farbauftrag wurde die Ware so weit erhitzt, dass das Fett sich verflüchtigte und die Oberfläche Wasser nicht mehr abstieß. Dies hatte zudem den Vorteil, dass die erste Farbe so weit aushärtete, dass sie beim Berühren weniger leicht verwischte. Dann konnte die zuerst aufgetragene Farbe und alle Bereiche, in denen später Details gemalt werden sollten, mit Fett bestrichen werden, bevor der zweite Farbauftrag stattfand. Keine Beschäftigung für Vegetarier!

Es gab noch immer Fabriken, in denen die Farbe erst auf das ganze Stück aufgebracht und dann sorgfältig von den Stellen abgeschabt wurde, die weiß bleiben sollten. Aber das war zeitintensiv und zudem war auch der kleinste Farbfleck nach dem Brand sichtbar. Diese Technik war in deutschen Fabriken vorherrschend.

Zu dieser Zeit wurden durch Pinseln, Stäuben, Tauchen, Sprenkeln (Farbe und Medium werden mit einer Bürste aufgespritzt) und mit einem als Grundieren bekannten Verfahren gleichmäßige Farbflächen sowohl auf den geschrühten Scherben als auch über Glasur aufgetragen. Durch das Grundieren ließ sich Farbe völlig gleichmäßig auf große Flächen auftragen. Man hatte bereits herausgefunden, dass sich durch den Zusatz von natürlichen oder künstlichen Ölen zum Pigment ein leichterer Pinselstrich erreichen ließ und somit ein flüssigeres und filigraneres Arbeiten mit dem Pinsel möglich war. Viele dieser Öle, von Nussöl bis zu Terpentin, konnte man durch Kochen zähflüssiger machen. Außerdem war es möglich, sie nach dem Dekorieren zu erhitzen, so dass das Dekor fester wurde und besser zu handhaben war.

Das Grundieren gab der Ware ein weitaus professionelleres, perfekteres Aussehen und war ein hochkomplizierter Vorgang. Der zu färbende Bereich wurde mit Terpentinöl bestrichen und mit einem Kissen aus fusselfreiem, weichem Tuch betupft, bis das Öl eine gleichmäßige, klebrige Schicht bildete. Dann wurde mit einem anderen Stoffballen trockene, puderförmige Farbe aufgenommen, die dann mehrmals über die gesamte Ölschicht getupft wurde, wobei sich eine Schicht Farbe absetzte. Dieses Auftupfen wurde wiederholt, bis das Öl keine Farbe mehr aufnehmen konnte. Das Ergebnis nach dem Brand war eine vollkommen glatte, gleichmäßige Schicht. Das Öl musste genau die richtige Konsistenz haben, um sich zu einer gleichmäßigen Schicht tupfen zu lassen, ohne an dem Stoffballen mit der Farbe hängenzubleiben. Das Problem war, dass sich bei dem Tupfvorgang das Öl und die

Farbe über den vorgesehenen Bereich hinaus ausbreiteten. Um dies zu verhindern, wurde eine Mischung aus Zuckerwasser und Rosenpink, einer Kennzeichnungsfarbe, auf die Flächen aufgetragen, die frei bleiben sollten. Diese Schicht ließ man trocknen, woraufhin das gesamte Stück mit Öl und Farbe versehen wurde. Dann wurde das Stück in klares Wasser getaucht und geschüttelt, wobei sich das Zuckerwasser (»Schablone« genannt) auflöste und die unerwünschte Grundierung sich mit einem feinen, lockeren Baumwolltuch entfernen ließ. Dabei war darauf zu achten, dass das gesamte Stück die ganze Zeit unter Wasser blieb, damit sich keine Farbe an der falschen Stelle wieder niederließ. Noch heute findet diese Aussparmethode in der Industrie bei der Herstellung hochwertiger handdekorierter Ware Anwendung. Meist wird als Zucker Zuckerrohrsirup verwendet. Die Grundierung war die am weitesten verbreitete Aussspartechnik vor der Erfindung des keramischen Farbdrucks und der Abziehbilder. Zuckerwasser wurde außerdem als Medium bei der Unterglasurmalerei auf Schrühware benutzt.

Bei der Herstellung der im 19. Jahrhundert beliebten Lüsterware wurden Abdeckflüssigkeiten verwandt, die aus einer Englischrot-Ton-Mischung bestanden, wobei die Mischungsverhältnisse nicht überliefert sind. Wichtig war, dass die Mischung wasserlöslich war, damit sie sich nach einem Niedrigtemperaturbrand leichter von dem auf Ölbasis hergestellten Lüster entfernen ließ. Auch andere Mischungen mit Gummi, Honig, Zucker und Glyzerin mit zinnoberroter Wasserfarbe sind überliefert. Zinnoberrot war ein gelbes, pflanzliches Färbemittel, das keine dauerhaften Flecken auf der Ware hinterließ, aber den Arbeitern bei der Dekoration die Arbeit erleichterte. Ebenfalls benutzt wurden mit Karmesinlack gefärbte chinesische weiße Wasserfarbe und bis heute weiße Haushaltsemulsionsfarbe. Der flüssige Lüster wurde entweder durch Tauchen oder mit dem Pinsel auf die Ware aufgebracht, auf die zuvor schon das Aussparmittel an den vorgesehenen Stellen aufgetragen worden war. Die Ware wurde gebrannt und das Aussparmittel dann mit Baumwolle und Wasser vom Gefäß abgewaschen. Die heute gebräuchliche Lüstertechnik wird an späterer Stelle genauer erläutert werden.

Andere Techniken, bei denen Farbe ausgespart wurde, die aufgesprenkelt wurde, um einen farbigen Untergrund zu bilden, beruhten auf der Tatsache, dass Gummiarabicum etwas schrumpft, wenn es erwärmt wird. Zwei Methoden waren gebräuchlich. Bei der ersten wurde eine Paste aus Gummi und Kreide auf die Stellen aufgetragen, die frei bleiben sollten. Die mit Öl gemischte Farbe wurde dann über das ganze Stück gesprenkelt, das daraufhin erwärmt wurde, damit die Farbe fixiert wurde und die Gummi-Kreide-Mischung schrumpfte, so dass sich die Maske lockerte und schließlich abfiel und die darunter liegenden Stellen frei blieben. Bei der zweiten Methode wurde zuerst die Farbe aufgetragen und dann die Kalk-Paste-Mischung auf die auszusparenden Stellen gestrichen. Dann wurde die Ware ebenfalls erwärmt, so dass die Paste schrumpfte und beim Abfallen die Farbe mitnahm. Eventuelle Überreste ließen sich dann abkratzen. Diese zweite Methode war anscheinend die schnellere und wurde daher von der Industrie bevorzugt.

Bei der Herstellung von Seriendekoren benutzte man Schablonen aus dünnem Zink- oder Kupferblech oder aus Wachspapier. Die Farbe konnte durch diese Schablonen auf eine zuvor aufgetragene Ölschicht aufgestäubt werden, oder man trug das Öl zusammen mit der Schablone auf und stäubte dann die Farbe auf. Anwendung fanden ebenfalls Schwämme, die mit Farbe vollgesogen waren, wodurch eine strukturierte Oberfläche entstand,

und verschiedene Schablonen konnten für ein Dekor verwendet werden. Wenn mehrere Farben und Schablonen eingesetzt werden sollten, enthielt die Farbe Gummiarten oder Öle, die erwärmt wurden, um den vorherigen Auftrag zu erhärten.

Als sich die Industrie entwickelte und die Ware immer schneller produziert werden musste, um die Nachfrage zu befriedigen, suchte man nach schnelleren Dekorationsmethoden. Erste Versuche mit einfarbigen Bildern in Kupferdruck fanden in England 1750 statt. Dabei wurden zunächst Kupferplatten von Hand gra-

Teller in Ätzkantentechnik mit poliertem Gold. 1) Muster aus Gummilösung aufgedruckt, 2) Größere auszusparende Bereiche mit Gummilösung abgedeckt, 3) Glasierte Oberfläche mit Säure behandelt, Maske entfernt, 4) Goldlüster auf die gemusterte Oberfläche aufgetragen, 5) Gebranntes Gold, 6) Erhabene Teile des Musters poliert, so dass ein Muster aus matten und glänzenden Bereichen entsteht. Mit freundlicher Genehmigung des Stoke on Trent City Museum.

viert und später Ätzkantendekore angewandt. Keramikfarbe in einem Ölmedium wurde auf die Platte aufgetragen, wobei es darauf ankam, dass sie alle Ritzen völ-

13

lig ausfüllte. Überschüssige Farbe wurde von der Oberfläche entfernt, ein Blatt Papier aufgelegt und die Platte durch eine Presse geschickt, damit die Farbe an dem Papier hängenblieb. Dieses Papier ließ sich dann mit dem klebrigen Aufdruck auf die Ware legen, und durch leichtes Reiben wurde die Farbe auf die Oberfläche übertragen. Dann wurde das Papier mit Wasser getränkt und ließ sich abnehmen, wobei die Farbe aufgrund des Öls unbeschädigt blieb.

Mit dieser Methode ließ sich immer nur jeweils ein Druck in einer Farbe herstellen, und erst 1831, als Papierrollen erfunden wurden, entwickelte man auch Maschinen, die die Herstellung identischer Dekore in großen Mengen ermöglichten. Mit steigender Nachfrage nach mehrfarbigen Dekoren entwickelten sich weitere entsprechende Erfindungen.

Eine Technik, die von einer französischen Firma angewandt wurde und bei der das Dekor mit einer gravierten Kupferplatte auf die Ware übertragen wurde, erscheint mir erwähnenswert. Es handelt sich dabei nicht um eine Aussartechnik im eigentlichen Sinn, aber vielleicht fühlt sich jemand ermuntert, sie experimentell mit anderen, im weiteren Verlauf dargestellten Techniken zu verbinden. Allerdings empfehle ich jetzt schon die Verwendung modernerer Alternativrohstoffe! Durch das Kochen von Resten von Handschuhleder mit Pergament erhielt man eine »Flanders glue« genannte, gelatineartige Lösung mit der Konsistenz von dickem Sirup. Diese wurde noch warm auf ein flaches Metallblech gegossen, wo sie abkühlte und eine 3 mm dicke Gelschicht von gummiartiger Beschaffenheit ergab. Die Kupferplatte wurde mit einer Mischung aus Nussöl und etwas Terpentinessenz »eingefärbt«, die aufgekocht worden war und langsam trocknete. Die Platte wurde wie gewohnt abgewischt, wobei das Öl in den Linien des eingravierten Dekors zurückblieb. Dann wurde das Blech

mit der Gelatine vorsichtig auf die Platte gelegt und angedrückt, wodurch das Öl an ihm hängenblieb. Das Blech wurde wieder entfernt und auf flache Schrühware gelegt, auf der sich dann das Ölbild sehr klar abzeichnete. Sehr fein gemahlene Trockenfarbe wurde aufgestäubt, mit einem feinen Baumwolllappen abgewischt, und fertig war das Dekor auf der Ware.

Man fand heraus, dass Gelatine in kaltem Wasser aufquillt (bevor sie sich auflöst) und gleichförmig schrumpft, wenn sie in Alkohol getaucht wird. In Wasser vergrößert sich ihr Volumen um ein Drittel. Dieses Wissen machte man sich zunutze, um Dekore zu vergrößern und zu verkleinern, so dass sich von einem Bild verschieden große Gravuren herstellen ließen, die für Serien anwendbar waren. Ich könnte mir vorstellen, dass jemand heutzutage eine interessante Serie mit Ölabziehbildern als Abdeckmittel entwickelt.

Mit der Erfindung der Lithographie, die hauptsächlich in Frankreich entwickelt wurde, und der Fotografie wurden komplizierte, vielfarbige Abziehbilder die Norm, die auch heute noch in der Keramikindustrie vorherrscht.

In dem Maße, wie die Farbgebung mechanisiert wurde, nahm der Bedarf an Aussartechniken ab. Heutzutage werden sie in der Keramikindustrie nur noch für extrem hochwertiges, handbemaltes Geschirr verwendet, und auch da nur in sehr begrenztem Umfang.

Das Ätzen von glasierter Ware war in der Vergangenheit sehr verbreitet, wenn es darum ging, Glasurflächen zu entfernen, auf denen sich fälschlicherweise eine nicht vorgesehene Farbe befand. So war es möglich, diese Stellen neu zu glasieren und aus einer zweiten Wahl wieder eine erste Wahl zu machen. Außerdem wurde und wird dieses Verfahren benutzt, um eine Glasur mit einem dreidimensionalen Muster zu versehen, das dann mit Edelmetallen behandelt wurde. Dazu wird entweder von Hand oder durch Aufdrucken ein Muster aus einer säureresistenten Gummilösung direkt auf die Ware aufgebracht. Alle anderen Bereiche, mit denen die Säure nicht in Berührung kommen soll, werden abgedeckt. Wenn die Lösung getrocknet ist, wird das Stück in Fluorwasserstoffsäure getaucht, die die Glasur an den vorgesehenen Stellen angreift. Fluorwasserstoffsäure ist die einzige Säure, die Glas (Glasur) angreift, und ist extrem gefährlich, viel gefährlicher als die meisten anderen Säuren. Nach Entfernen des Stückes und Abwaschen der Säure lässt sich die Maske aus Gummi entfernen, wobei das Muster sichtbar wird. Dann kann das Gold auf den geätzten Bereich aufgepinselt, gebrannt und danach nur auf den erhabenen Glasurflächen poliert werden, so dass das Muster als polierte und matte Goldflächen erscheint. Säure lässt sich in Verbindung mit Gummimasken auch einsetzen, um matte Muster und Buchstaben auf glasierten Oberflächen herzustellen.

Eine weitere Möglichkeit, bestimmte Glasurbereiche »abzutragen«, um diese Flächen neu zu dekorieren, ist das Sandstrahlen. Hierbei wird ein starker Strahl aus feinem Schleifmittel durch Schablonen auf die Ware gerichtet, wobei die Partikel die Glasurschicht abtragen. Als Schablonen nimmt man dünne Bleche oder dickes Papier, das die Schleifwirkung des Sandes durch seine weiche Beschaffenheit mindert. Außerdem lösen sich diese Materialien nicht so schnell auf. An späterer Stelle in diesem Buch wird näher auf das Sandstrahlen eingegangen werden.

Zur Herstellung etwa von verschiedenfarbigen Buchstaben wurde auch Glasur durch einfache Schablonen gespritzt. Heute allerdings ist dieses Ziel einfacher mit Abziehbildern zu erreichen.

2. Wachse auf Wasserbasis

Wachs auf Wasserbasis ist standardmäßig in flüssiger Form erhältlich und normalerweise gebrauchsfertig. Manchmal ist ein Verdünnen des Wachses mit Wasser nötig, wenn ein weniger ausgeprägtes Muster gewünscht wird. Auch wenn die meisten Wachse über eine ähnliche Zusammensetzung verfügen, so gibt es doch von Land zu Land Unterschiede in der Stärke. Deshalb vergewissern Sie sich am besten, dass Ihr Wachs richtig für Ihren Zweck ist.

Wachs auf Wasserbasis besteht üblicherweise aus einer Öl-Wasser-Emulsion auf der Basis einer Mischung aus Wachs, Wasser und Vaseline (Petrolat). Es hat ein Verfallsdatum und muss vor Frost geschützt gelagert werden. Wachsemulsion ist ungiftig, allerdings kann es bei häufigem Kontakt zu Hautirritationen führen. Die Anwendungsgebiete von Wachsen auf Wasserbasis sind meist Rohware, Schrühware sowie gebrannte und ungebrannte glasierte Oberflächen. Genau gesagt, überall dort, wo sich Masken nicht aufkleben lassen, also feuchte oder staubige Oberflächen, und in Fällen, wo schwungvolle Linien angestrebt werden. Feuchte Tonoberflächen können problematisch sein, weil das in der Lösung enthaltene Wasser unter Umständen nicht so gut verdunstet.

In den meisten Fällen liegt das Wachs als weiße oder hellbeige Flüssigkeit vor, die, einmal aufgetragen, durchsichtig wird, wodurch sie schwer zu erkennen ist, besonders, wenn das Muster fein und kompliziert ist. Dieses Problem lässt sich jedoch durch die Zugabe von Lebensmittelfarbe umgehen, die in jeder Drogerie erhältlich ist. Durch die Lebensmittelfarbe werden die wasserabweisenden Eigenschaften des Wachses in keiner Weise beeinträchtigt. Auch lassen sich verschiedene Farben einsetzen, etwa wenn mehrere Schichten aufgetragen werden sollen, um die Muster unterscheiden zu können. Auf das durchsichtige Wachs lassen sich Hilfslinien ziehen, je nach Oberfläche mit Bleistift oder Lebensmittelfarbe. Darüber hinaus kann der Keramiker durch die Wachsoberfläche hindurch erkennen, ob die Tonoberfläche weiter strukturiert

Peter Beard (GB): Flachgefäß, Höhe 29 cm. Musterung durch verschiedenfarbige Glasuren und Wachs auf Wasserbasis.

werden muss, etwa durch Kratzen durch das Wachs.

Damit das Wachs auch seinen Zweck erfüllt, ist es wichtig, dass man es völlig trocknen lässt, bevor man die Schicht aufträgt, vor der das Wachs schützen soll. Andernfalls entsteht nur ein verschwommenes Bild bzw. gar kein Bild. Unter normalen Umständen dauert das Trocknen nur einige Minuten, da der trockene oder gebrannte Ton die Feuchtigkeit problemlos absorbiert und zerstreut. Wenn Sie versuchen, Muster auf feuchtem oder lederhartem Ton anzulegen, kann es vorkommen, dass das Wasser nicht so gut aus dem Wachs verdunstet. In diesem Fall empfiehlt sich die Verwendung von Latexwachs oder heißem Wachs.

Auftragsmethoden

Pinsel

Die gebräuchlichste Art, Wachs auf Wasserbasis aufzutragen, ist mit dem Pinsel. Wenn der Pinsel oft in Gebrauch ist, sollten Sie darauf achten, dass er nicht verklebt. Wenn Sie den Pinsel nicht durchgängig bei der Arbeit an Ihren Objekten gebrauchen, empfiehlt es sich, ihn zwischen-

Selbstherstellbare Pinsel für zeitsparenden Auftrag: Links oben abgeflachter Pinsel mit eingeschnittenen Stellen; links unten konvexes Holz mit eingeklebten Spitzen zum Dekorieren von Schaleninnenseiten; rechts konkaves Holz mit eingeklebten Spitzen für Außenseiten von zylindrischen Formen.

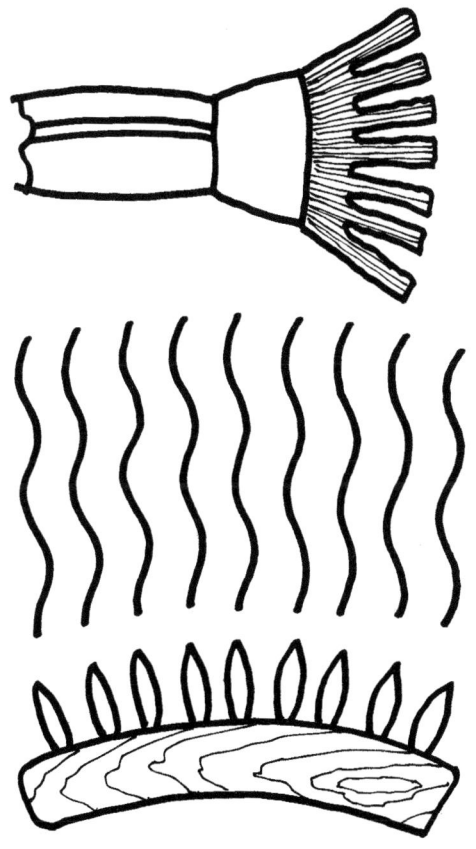

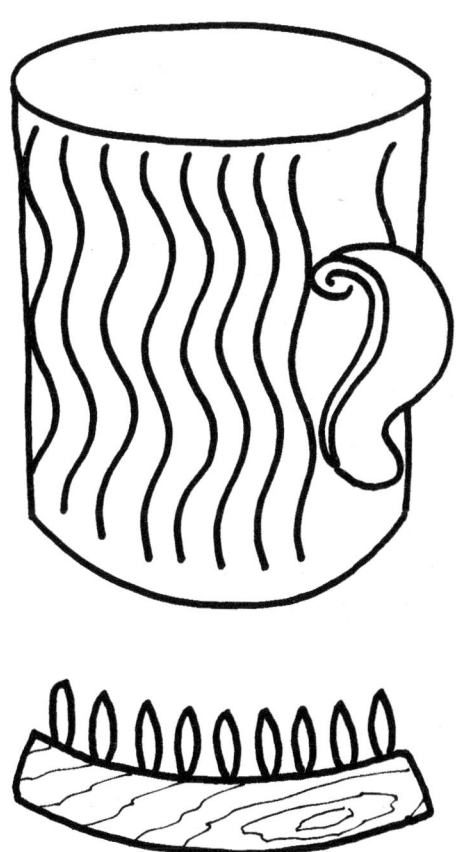

durch in Wasser zu stellen, damit er nicht austrocknet. Wenn Sie ihn dann wieder benutzen, vergessen Sie nicht, überschüssiges Wasser zu entfernen, denn sonst ist der Wassergehalt im Wachs bei den ersten Pinselstrichen zu hoch. Wichtig: Kunsthaarpinsel verkleben leichter als Naturhaarpinsel. Dies gilt besonders für den Fall, dass das Wachs auf eine ungebrannte Glasurschicht aufgetragen wird. Hierbei kratzen härtere Borsten gerne geringe Mengen Glasurstaub ab, der sich dann im Pinsel ablagert. Verstopfte Pinsel lässt man

am besten austrocknen, stellt sie dann eine Stunde in Terpentinersatz und wäscht sie mit Pinselreiniger und heißem Wasser aus. Diese Vorgehensweise gilt auch für alle anderen Werkzeuge, auf denen Wachs angetrocknet ist.

Normalerweise lassen sich mit einem Pinsel nur einzelne Linien ziehen. Wenn man aber mehrere parallele Linien schnell herstellen möchte, dann kann man sich leicht helfen, indem man Pinsel mit mehreren Spitzen herstellt. Bei der ersten Methode nimmt man einen Pinsel mit breiter

Spitze (etwa 12 mm Ø) und klopft den Metallkragen, der die Haare hält, flach zusammen. So werden die Borsten fächerförmig auseinandergedrückt. Mit einer Schere lassen sich die Borsten abschnittweise entfernen, so dass ein Pinsel mit mehreren Spitzen entsteht. Wenn man nun noch die Haare in einer konvexen Linie beschneidet, lassen sich damit z. B. Schalenformen von innen verzieren. Wenn eine große Fläche mit einem Pinselstrich bearbeitet werden soll, bietet es sich an,

Pinselhaare büschelweise in Löcher zu kleben, die man zuvor in ein Stück Holz gebohrt hat. Fächerförmige Pinsel sind im Zubehörhandel für Töpfer erhältlich und lassen sich nach Bedarf zuschneiden.

Auftrag mit Schwamm oder Schaumstoff

Aufwändige Muster lassen sich wiederholt auftragen, wenn man Schaumstoffstempel verwendet, in die das Dekor eingeschnit-

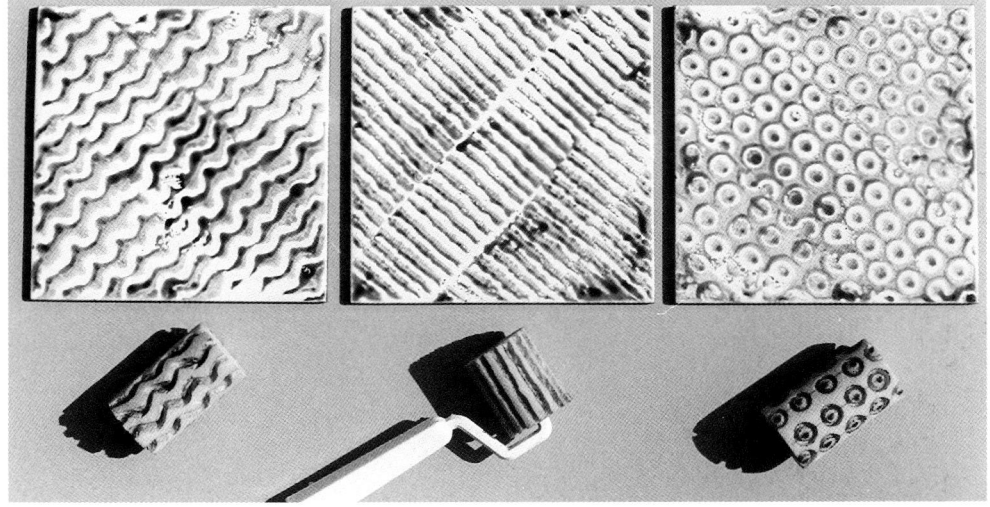

Rollstempel aus Schlauch, Muster mit Glühdraht geschnitten. Gefärbtes Wachs auf Fliesen gerollt.

Links
Schwammmuster mit glühenden Drähten und Rohren geschnitten, unten die Auskleidung von Schachteln für bunte Kreiden. Wachs auf Wasserbasis, gefärbt mit Lebensmittelfarbe.

Unten
Schwarze Schmelzfarbe auf das Wachs aufgetragen.

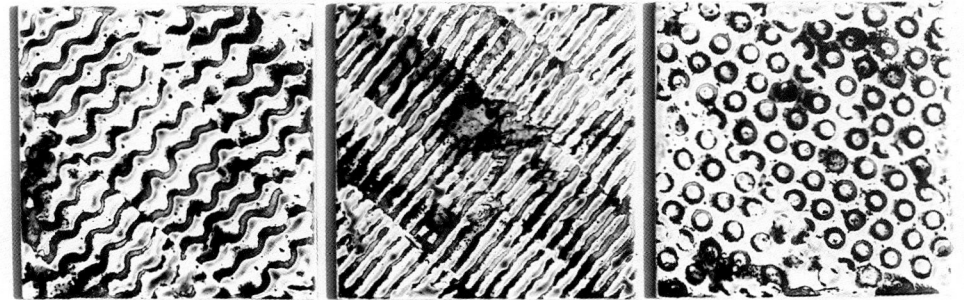

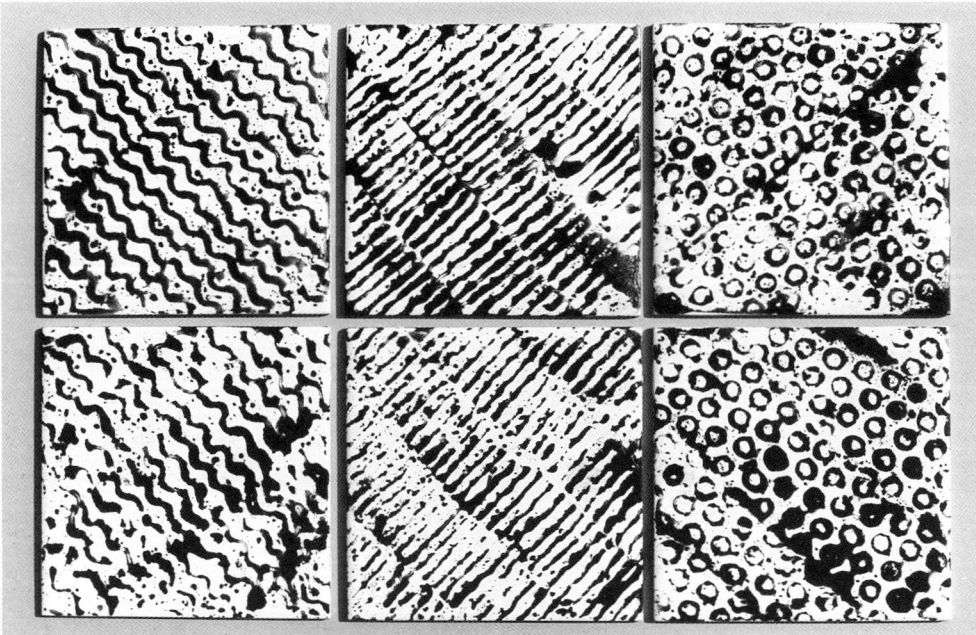

Nach dem Brand.

ten ist. Das Schaumstoffstück sollte groß genug sein, um sich vorsichtig halten zu lassen, ohne dass das Muster beim Gebrauch verformt wird. Schwierigkeiten beim Einschnitt von Mustern in Schaumstoff bereitet die weiche Beschaffenheit des Materials, aber man kann sich folgendermaßen behelfen: Am einfachsten lassen sich Muster auf Schwämme übertragen, indem man das geplante Muster auf die Oberfläche vorzeichnet. Dann lassen sich die Schwammpartien, die nicht erscheinen sollen, mit einem Lötkolben oder einem glühenden Metallstab herausbrennen. Punktmuster ergeben sich, wenn man heiße Metallröhren von verschiedener Größe in den Schwamm drückt. Da der Schaumstoff leicht brennbar ist, sollte man sich um kurze Berührungen des Materials bemühen. Achtung: Bei der Verbrennung von Schaumstoff werden hochgiftige Dämpfe frei. Daher nur bei entsprechenden Abziehvorrichtungen arbeiten. Die Gase enthalten große Mengen

von Cyanid und andere gefährliche Stoffe.

Wenn die nötigen Abzugseinrichtungen vorhanden sind, wird das Muster zunächst mit wasserfester Tinte aufgemalt. Den Schwamm mit Wasser vollsaugen lassen, auswringen, so dass der Schwamm noch feucht ist und ins Gefrierfach legen. Aus dem steifgefrorenen Schwamm vorsichtig mit einem scharfen Messer das Muster herausschneiden. Falls der Schwamm auftaut, bevor Sie fertig sind, legen Sie den Schwamm einfach wieder ins Kühlfach.

Auftragtechniken mit dem Schwamm

Musterschwämme lassen sich am besten mit Wachs auf Wasserbasis einsetzen, wenn man sie zuvor anfeuchtet. So wird eine schön gleichmäßige Schicht auf dem Schwamm erreicht, die sich gut auf das zu dekorierende Objekt drücken lässt. Am besten lässt man überschüssiges Wachs ablaufen und drückt auch nicht zu fest auf, weil das Wachs aus dem Schwamm in Bereiche laufen könnte, die eigentlich wachsfrei bleiben sollen. Auf einer konvexen Fläche muss der Schwamm abgerollt werden, während es bei konkaven Oberflächen ratsam ist, ihn zusammenzudrücken, so dass die Fläche mit dem Muster eine leicht konkave Form erhält. So lässt sich ein gleichmäßiger Kontakt erreichen und damit ein gut ausgeprägtes Muster. Wenn der erste Wachsabdruck nicht »sitzt«, ist es schwierig, den Schwamm erneut auf die gleiche Stelle zu setzen.

Da beim Aufdrücken des Schwammes auf die zu dekorierende Oberfläche das Schwammmuster zusammengedrückt und leicht verzerrt wird, darf nicht zu viel Druck ausgeübt werden. Außerdem ist es besser, das Muster nicht zu tief in den Schwamm zu schneiden, besonders wenn es sich um ein filigranes Muster handelt, sonst könnte durch die Bewegung des Schwamms das Muster so sehr verformt werden, dass der Wachsabdruck zerstört wird. Eine Schnitttiefe von nicht mehr als 10 mm ist empfehlenswert. Zu flach sollte das Muster auch nicht aus dem Schwamm geschnitten sein, denn dann könnte das Wachs in die Zwischenräume laufen.

Aus einem kleinen, in eine Strumpfhose gestopften und an einem Stock oder Draht befestigten Stück Schwamm lässt sich ein hervorragendes Werkzeug zur Herstellung von Punkten machen, wobei die Punkte umso größer werden, je mehr Druck ausgeübt wird.

Bei Arbeitspausen und nach der Benutzung sollten Schwämme sofort ausgewaschen werden. Wenn das Wachs erst einmal eingetrocknet ist, lässt sich der Schwamm nur schwer reinigen. Schwämme, die über längere Zeit zusammengedrückt gelagert werden, nehmen ihre Ursprungsform erst nach einiger Zeit (evtl. erst nach Tagen) wieder an, wenn der Druck nicht mehr ausgeübt wird. Daher ist es wichtig, Schwämme lose aufzube-

Bearbeiten der gewachsten Oberfläche mit einem Schwamm, um die unabgedeckten Bereiche auszuwaschen, wodurch ein Relief entsteht.
Foto: Ruth E. Allan

wahren und sie nicht in eine Schublade zu stopfen. Moderne Schwämme sind so konzipiert, dass sie sich bei Tageslicht zersetzen. Daher Schwammvorräte und Musterschwämme stets unter Lichtabschluß lagern, sonst wird die Oberfläche hart und bröselig und schließlich zu Puder, so dass harte Kanten abgerundet werden. Dieser Vorgang braucht allerdings Monate oder auch Jahre.

Zu Beachten

Wachs auf Wasserbasis trocknet zwar, aber es bleibt doch leicht klebrig und lässt sich mit Radiergummi oder den Fingern von getrocknetem Ton oder ungebrannter Glasur entfernen, um Fehler auszubessern. Drücken Sie hierzu Finger oder Radiergummi vorsichtig tupfend auf die Wachsschicht, die am Finger haften und

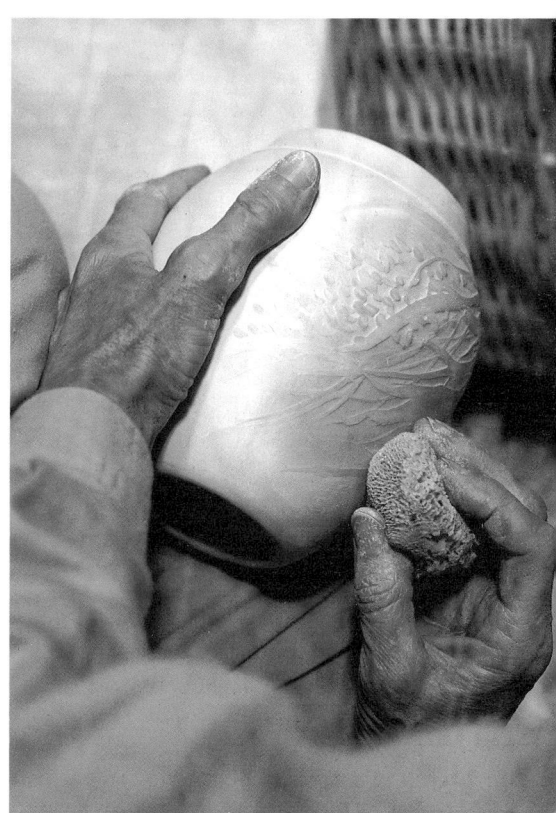

sich abheben lassen sollte. Wichtig ist, dass das Wachs völlig getrocknet ist, ansonsten ist der Wassergehalt zu hoch und das Wachs zu weich, um zu haften und sich abheben zu lassen. Diese Methode gilt nicht für Schmelzwachs. Wenn es auf Rohware aufgetragen wurde, kann man Fehler vorsichtig abschaben, solange sie nicht zu großflächig sind. Auf Schrühware lassen sich Fehler nicht so leicht korrigieren. Hier kommt man gewöhnlich nicht umhin, das Stück mit in den nächsten Schrühbrand zu stellen oder es auf 600 °C zu erwärmen. So verbrennt das Wachs und man kann von vorne beginnen.

Ein beliebter Fehler beim Arbeiten mit Wachs sind Laufspuren. Sie entstehen, wenn der Pinsel zu stark getränkt ist oder zu fest angedrückt wird. Beim Arbeiten mit Wachsen auf Wasserbasis ist nur geringer Druck nötig.

Wer mit Wachsen auf Wasserbasis auf ungebrannter Glasur dekorieren will, sollte nicht einen Tag warten, bis die Glasurschicht zu trocken ist, so dass wegen des durch die Glasur in den Scherben wandernden Wassers die Wachsränder sich hochwölben, was im Brand zu Runzelbildung bei der Glasur führt. Besser ist es, gleich nach dem Glasieren zu dekorieren, solange die Glasur noch nicht ganz ausgetrocknet ist. Eine leicht feuchte Oberfläche ist ideal.

Andere Techniken mit Wachs auf Wasserbasis

Wachs, Papier und Klebeband

Wachs auf Wasserbasis und erhitztes Wachs eignen sich gut für die Kombination mit Masken aus Papier und Klebeband, wenn Flächen dekoriert werden, auf denen Masken aus diesen Materialien allein nicht gut halten. So lassen sich auch auf feuchten oder puderigen Oberflächen klare geometrische Muster anlegen. Für sehr harte Kanten eignet sich Wachs aufgrund seiner Laufeigenschaft weniger. Wenn die Verwendung von Wachs nötig ist oder bevorzugt wird, kann man Papier oder Klebeband zuschneiden und auflegen, den gewünschten Bereich mit Wachs bedecken, das Papier wieder entfernen. Darunter erscheint eine sehr klar definierte Fläche, auf die sich dann das Pigment aufbringen lässt, das nur dort haften bleibt, wo vorher das Papier war.

Wachs und Schellack

Wachs kann man auch nehmen, um ungebrannten Ton abzudecken und den benachbarten Ton mit Wasser abzutragen, wodurch ein Relief entsteht (s. Ruth E. Allen im Kapitel über Rauch).

Gebräuchlicher ist allerdings die Verwendung von Schellack, einem natürlichen Lack. Jeroen Bechtold erzielt mit dieser Methode hervorragende Ergebnisse.

Jeroen Bechtold (Niederlande)

Jeroen Bechtold arbeitet mit Porzellan und erreicht mit Abdeckungen und Wasser unterschiedliche Wandstärken, so dass nach dem Brand ein Muster entsteht, wenn Licht durch das Material scheint.

Die Formen sind gegossen, relativ dickwandig und werden vor dem Bearbeiten weißgetrocknet. Die Muster werden mit Schellack ausgespart, einer harzigen Substanz, die von der Lackschildlaus abgesondert und in Alkohol aufgelöst wird. Eigentlich funktioniert diese Technik mit allen natürlichen oder künstlichen Lacken, aber Jeroen hat sich nach einigem Experimentieren für Schellack entschieden.

Wenn der Schellack getrocknet ist, wird das Gefäß mit einem feuchten Naturschwamm behandelt und die nicht abgedeckten Bereiche werden ausgewaschen. Die Muster entstehen durch Abdeckung sowohl auf der Außenseite des Gefäßes als auch auf der Innenseite. Durch Abtragen des nicht abgedeckten Tons entstehen

Jeroen Bechtold (Niederlande): »Der Wolken-
fänger«, Porzellan mit aufgemaltem Schellack-
muster, ausgewaschen. Foto: Rene Gerritsen

Rechts
Peter Beard: Blockgefäß, Höhe 46 cm. Stein-
zeug, dekoriert mit Wachs auf Wasserbasis und
Glasuren mit verschiedenen Brenntemperaturen.

verschieden dicke Bereiche, durch die
nach dem Brand das Licht scheinen kann.

Nach einer Weile hat die gegossene
Form so viel Wasser aufgesaugt, dass sie
aufweicht. Dann muss man die Arbeit
unterbrechen und das Objekt erneut gut
trocknen. Bereits bearbeitete Bereiche
lassen sich danach gut weiter auswaschen.
Wenn die gewünschte Wandstärke erreicht
ist, kann man die Abdeckung durch leichtes Betupfen mit Alkohol entfernen oder
neue Bereiche aussparen.

Schellack hat gegenüber anderen Lacken
den Vorteil, dass er sich nach dem Trock-

nen auflösen lässt. Andere Materialien muss man abkratzen oder abschälen, wodurch das Muster seine Klarheit verlieren könnte. Wieder andere Stoffe lassen sich gut beim Brand mit verbrennen.

Da die ungebrannte Form nicht so durchscheinend ist wie nach dem Brand, besteht die Kunst darin, zu wissen, wann man aufhören muss. Die Wandung darf nämlich nicht so dünn werden, dass sie bricht, aber sie muss dünn genug sein, um Licht durchzulassen und ein befriedigendes Resultat zu ergeben. Je dünner die Wandung wird, desto schneller durchdringt das Wasser die dünneren Bereiche, was sich als Verdunklung auf dem trockenen Ton beobachten lässt. Mit etwas Routine kann man anhand der Dunkelheit des Tons abschätzen, wie dick die Wandung ist.

Durch Abwischen des Tons mit dem Schwamm bleiben die abgedeckten Bereiche als scharfkantige Inseln zurück. Bei Jeroens Arbeiten besteht die Kunst darin, die dickeren Bereiche der Außenwandung mit denen der Innenwandung in Übereinstimmung zu bringen, so dass sie sich wie beabsichtigt gegeneinander absetzen, wenn Licht durchscheint. Der Anteil an Ausschussware ist dabei beträchtlich, denn um Licht durchzulassen, muss die Wandung sehr dünn gearbeitet sein. Jeroen hat auch schon versucht, den Ton mit Stahlwolle abzutragen, aber sie ist nicht so gut zu kontrollieren wie die Arbeit mit dem Schwamm und außerdem gibt es ein Staubproblem. Wenn ein Bereich zu stark bearbeitet wird, kann der Schellack aufweichen und reißen. Auch hier ist wie bei vielen anderen Techniken Übung sehr wichtig.

Peter Beard (GB)

Meine Arbeiten sind teils aufgebaut und teils gedreht, einige auf Gefäßbasis. Ich benutze nur wenige Basisglasuren, denen ich Oxide und Pigmente beimische, so dass sich eine große Farbauswahl bei ähnlichen Oberflächeneigenschaften ergibt.

Manche Glasuren sind matte Steingutglasuren, andere hochglänzende Steinzeugglasuren, aber ich brenne alle meine Objekte bei 1280 °C, wobei einige Glasuren verlaufen und stark mit den anderen aufgetragenen Glasuren reagieren.

Je nach der gewünschten Struktur des Endprodukts werden die Glasuren schichtweise in einer Mischung aus Schütten, Spritzen, Tauchen und Pinseln aufgetragen. Ich benutze fast nur Wachs auf Wasserbasis, das ich mit Lebensmittelfarbe einfärbe, um es auf dem Objekt besser im Auge behalten zu können. Das Wachs wird im gewünschten Muster auf eine Schicht Basisglasur aufgetragen und ganz getrocknet, damit es möglichst widerstandsfähig ist, bevor mit dem Pinsel weitere Glasurschichten aufgebracht werden.

Die letzten farbigen Glasurschichten werden bis zu der beabsichtigten Dicke aufgetragen. Dann werden die Stücke getrocknet und gebrannt. Dabei muss man aufpassen, dass die Schichten langsam aufgebaut werden, damit das Wachs weiter gut abdeckt. Eventuell auf dem Wachs zurückgebliebene Tröpfchen belasse ich zur Belebung der Oberfläche.

Ob das Ergebnis ein hartes Muster ist oder eine eher flüssige Oberfläche, hängt von der Dicke der Glasur ab. Das gesamte Dekorieren und anschließende Überglasieren muss auf feuchtem Untergrund geschehen, sonst blättert die Glasur im Brand ab, weil die zuerst aufgetragene Glasur durch das zugeführte Wasser den Halt auf dem Scherben verliert.

Rimas VisGirda (USA)

Rimas VisGirda baut seine stark graphisch geprägten Objekte aus Steingut- oder Steinzeugton auf, manchmal aus einer Mischung. Er bearbeitet seine Stücke entweder im weißtrockenen Zustand oder nach dem Schrühbrand.

Jedes Objekt wird mit einer Engobeschicht überzogen, die beim Trocknen

Jeff Irwin (USA): »Burro Brand«, Höhe etwa 22 cm. Dekor aus schwarzer und weißer Engobe und Wachs auf Wasserbasis.

The Car we bought together just began to rust — Rikki Ducornet —

26

schrumpft und zu einer feinrissigen Struktur ähnlich wie bei einem ausgetrockneten Flussbett führt. Je dicker der Engobeauftrag, desto zahlreicher und größer werden die Risse.

Bei dieser Gelegenheit sei darauf hingewiesen, dass eine Engobe so auf dem Scherben haften muss, dass sie im Brand nicht abblättert. Je dicker die Engobeschicht ist, desto eher kommt es hierzu, desto dramatischer aber auch zu Rissbildung. Diese Effekte lassen sich mit etwas Erfahrung mit allen Schlickern und Engoben erzielen, und Abblättern der Engobe lässt sich mit einer Zugabe von Flussmittel vermeiden, wenn es nicht schon im Engobeversatz aufgeführt ist.

Nach dem Trocknen der Engobe wird das Dekor vorsichtig mit weichem Bleistift auf die Oberfläche gemalt. Dann wird das ganze Stück mit Wachs überzogen. Dabei sollte die Wachsschicht dick genug sein, um gut abzudecken, aber auch so dünn, dass die Dekorzeichnung darunter sichtbar bleibt. Einige Wachse sind opaker und müssen verdünnt werden. Rimas benutzt »grünes Wachs« und »weißes Wachs«, »Ceramul« und andere Wachsemulsionen. (Latexwachs ist zum Durchzeichnen ungeeignet aufgrund seiner gummiartigen Konsistenz.)

Entlang der Zeichnung werden Linien durch das Wachs und die Engobe in die Tonoberfläche geritzt und mit einer oxidhaltigen, schwarzen Engobe ausgefüllt, wodurch seine charakteristischen schwarzumrandeten Bilder entstehen.

Wichtig ist, dass das Stück im richtigen Zustand für das Auskratzen klarer und gleichmäßiger Linien ist. Wenn das Objekt noch zu feucht ist, kann es passieren, dass das Wachs nicht trocken genug ist, um gut abzudecken. Dann produziert das Werkzeug nur eine weiche Furche. Wenn das Wachs nicht genug abdeckt, obwohl die Engobe den richtigen Feuchtigkeitsgrad hat, malt Rimas das Muster auf und lässt das Stück weiter trocknen, bis das Wachs die geeignete Beschaffenheit hat. Meist liegt es an zuviel Feuchte im Objekt, wenn eine Wachsemulsion, die dick genug aussieht, nicht zufriedenstellend abdeckt. Ein komplett wachsbedecktes Stück braucht lange zum Trocknen, weil das Wachs den Vorgang wegen seiner abdichtenden Qualitäten erheblich verlangsamt.

Wenn die Linien in einem zu trockenen Zustand gezogen werden, können sie oberflächlich und zackenhaft wirken, und der Rand der Engobe wird angehoben. Außerdem kann sich Tonstaub mit dem Wachs verbinden und das Abdeckverhalten beeinträchtigen. In beiden Fällen kann man sich behelfen, indem man den Staub vorsichtig mit einem feuchten Naturschwamm bearbeitet, die Engobe weicher macht und wieder anklebt. Dann wird das Stück bei 1300 °C glattgebrannt. Die Oberfläche wird mit einer Seidenglanzglasur bedeckt und wieder abgewischt, so dass die Glasur die eingekratzten Linien ausfüllt. Nach dem nächsten Brand werden mit Unterglasurstiften, flüssigen Unterglasuren und Lüstern Schattierungen aufgemalt, wobei nach jedem Farbauftrag neu gebrannt werden muss, bis das Stück vollendet ist.

Links
Rimas VisGirda (USA): »The car we bought together just began to rust«, Höhe etwa 60 cm. Dekor mit Engoben, Unterglasurstiften und Porzellanfarben. Wachs auf Wasserbasis zum Abdecken der Farbbereiche.

3. Wachse auf Ölbasis

Schmelzwachs besteht hauptsächlich aus Paraffin oder Kerzenwachs, das durch vorsichtiges Erhitzen zum Schmelzen gebracht wird. Besonders zu empfehlen ist es für sehr feuchte Oberflächen, auf denen Wachs auf Wasserbasis nicht trocknen würde.

Geschmolzenes Wachs allein kühlt zu schnell ab und erstarrt, so dass es so gut wie unbrauchbar ist. Tatsächlich wird das Wachs am Pinsel hart, bevor dieser das Gefäß berührt. Durch Zusatz entweder von Paraffinöl/Kerosin oder Maschinenöl allerdings bleibt das Wachs bis zu erheblich niedrigeren Temperaturen flüssig. Auch Küchenöl kann man in kleinen Mengen verwenden. Die zuzufügende Paraffinmenge hängt von der Auftragsart ab, aber mit einem 1:1 Verhältnis liegt man zunächst einmal nicht falsch. Nicht vergessen, dass das Wachs um so flüssiger wird, je mehr Öl bzw Kerosin zugegeben wird. Gibt man zuviel hinzu, dann wird aus dem Wachs eine schmierige Flüssigkeit ohne praktischen Nutzen. Eine andere Möglichkeit sind im Handel erhältliche Flüssigwachs-Bodenpolituren, die nicht erhitzt werden müssen.

Auftrag

Schmelzwachs wird gewöhnlich aufgepinselt. Das Wachs muss für jede Auftragesituation genau eingestellt werden. Die Herstellung der richtigen Konsistenz ist reine Übungssache. Generell sollten Sie eine möglichst harte Deckschicht bei möglichst flüssiger Konsistenz anstreben. Die stärker erhärtenden Wachsgemische sind besser für das Wachsen von Standflächen und Deckeln, während weichere Varianten sich mehr für Pinselauftrag und schwungvolle Linien eignen.

Vorbereitungen

Eine Wachsmischung lässt sich in einem geeigneten Behälter über kleiner Flamme oder auf einer Kochplatte mit Thermostat schmelzen. Das Öl wird langsam zugegeben und untergerührt. Ich weise ausdrücklich darauf hin, dass es sich um leicht entflammbare Stoffe handelt. Deshalb vorsichtig aufheizen und für den Fall eines Ölbrands geeignete Löschmittel bereithalten! Ich empfehle das Arbeiten mit einer elektrischen Heizquelle mit Thermostatregler, was einer Brandgefahr vorbeugt. Ideal ist eine elektrische Bratpfanne. Beim Mischen des Wachses mit anderen Stoffen sollte kein Qualm oder Dampf entstehen, was ein Hinweis darauf ist, dass zu stark erhitzt wird.

Diese Art Wachs wird meist in dem Behälter hergestellt, in dem es später auch aufgehoben und benutzt werden soll. Nach dem Gebrauch lassen Sie es einfach abkühlen, bis Sie es wieder brauchen. Wenn der Behälter nicht abgedeckt ist, wird dadurch das Wachs nicht schlecht. Über längere Zeit könnte ein Teil des Öls verdunsten. Es lässt sich aber leicht ersetzen, wenn das nächste Mal geschmolzen wird.

Auftrag von Engoben und Glasuren

Für das Auftragen von Glasuren oder Engoben kann man einen Pinsel nehmen, was die Gefahr birgt, dass der Pinsel womöglich das weiche Wachs verschmiert und so das Bild zerstört. Die beste Lösung ist Tauchen, aber auch die Spritzpistole ist eine Alternative. Allerdings darf die Glasur dabei nicht schon vor dem Auftreffen auf der Keramik trocken sein, sonst kann sie auf dem Wachs haften bleiben, was sich nur durch umständliches und vorsichtiges Entfernen mit dem Schwamm beheben lässt (siehe Kapitel »Spritztechnik«, S. 44).

Wachsstifte

Wachsstifte zum Bemalen von geschrühter oder glattgebrannter Ware kann man leicht selber herstellen. Für das Bemalen von Rohware oder ungebrannter Glasur eignen sie sich jedoch weniger, weil sie dafür zu hart sind. Robuste Objekte aber und Glasuren mit entsprechendem Zusatz härtender Mittel lassen sich bearbeiten. Mit Gummi oder Stärke, z. B. Gummiarabicum, mit Maisstärke oder CMC erzielt man eine harte Glasurkruste, ebenso durch Brennen bei Schrühtemperatur. Beim Bemalen einer Glasur mit Wachsstiften ist darauf zu achten, dass die bemalte Glasur davon nicht beeinträchtigt wird; so könnte es im Glattbrand zu Schrumpelerscheinungen kommen. Darum empfiehlt es sich, hierfür Stifte wie beschrieben mit einem höheren Paraffinanteil herzustellen, die weicher sind.

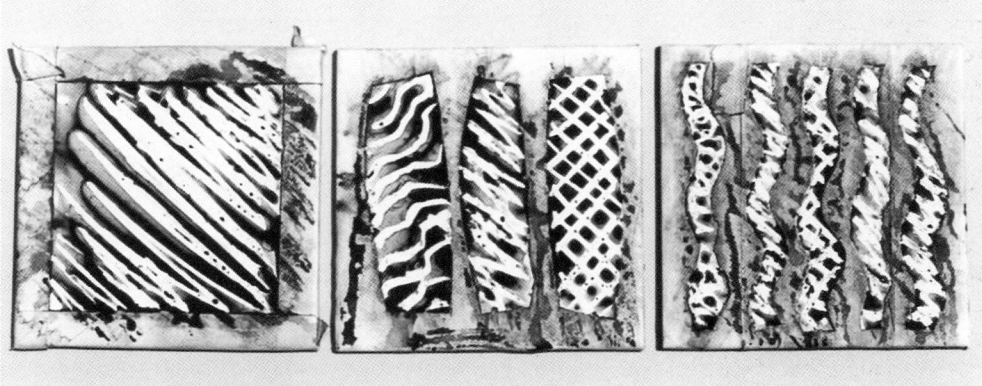

Oben
Mit Abklebeband ausgesparte Fliesen, mit schwarzem Wachsstift gemustert.

Unten
Mit Kerzenwachs gemusterte und mit schwarzer Schmelzfarbe übermalte Fliesen.

Wachsstifte kann man auch einfärben durch die Zugabe von Pigmenten, also Oxiden oder Schmelzfarben. Damit ist es möglich, farbige Linien zu ziehen, die zudem abdecken. Verschmelzen Sie dafür vier Teile Wachs, ein Teil trockenes Pigment und ein Teil Öl unter gründlichem Rühren. Dann gießen Sie das flüssige Gemisch in ein Röhrchen aus Papier oder Pappe, das in weichem Ton steckt, oder in den Finger eines Gummihandschuhs. Da das Pigment schwerer ist als die Flüssigkeit, kann es sich absetzen, so dass das eine Ende des Stiftes stärker gefärbt ist als das andere. Dem kann man vorbeugen, indem man wasserdichte Röhrenformen in Wasser stellt. So erhärtet das Wachs nach dem Einfüllen schneller und die Pigmente haben nicht genug Zeit, um sich abzusetzen. Manchmal ist Kerzenwachs für bestimmte Verwendungen zu bröselig, und bei Zugabe von Paraffin wird der Stift zu schmierig. Dann empfiehlt sich Leinöl oder Bienenwachs als Alternative,

Klebeband entfernt, nach dem Brand.

wobei ein Verhältnis von zwei Teilen Bienenwachs zu einem Teil Öl ein guter Ausgangspunkt für die Ermittlung der für den jeweiligen Zweck maßgeblichen Mengenverhältnisse ist. Auch hier werden Wachs und Öl vorsichtig erwärmt und nach Bedarf Pigmente zugegeben; auch hier hilft schnelles Abkühlen gegen das Absetzen der Pigmente, die übrigens fein gesiebt oder in der Trommelmühle gemahlen sein sollten, um eine gründlichere Einfärbung zu erhalten. Diese Stifte sind vielseitig einsetzbar und können natürlich auch ungefärbt benutzt werden. Wachsstifte mit Schmelzfarben eignen sich besonders für das Malen auf glasierter Ware, wobei sie alleine oder zusammen mit anderen Schmelzfarben aufgetragen werden. Sie ergeben eine fransige Linie, mit der sich wie bei Pastellstiften auf strukturiertem Papier mit lockerem Schwung Flächen ausmalen und farbig gestalten lassen.

Lithographiewachsstifte ohne Pigmente sind im gutsortierten Künstlerbedarfshandel in verschiedenen Härten erhältlich. Gute Ergebnisse lassen sich auch mit

Wachsfarben und Pastellfarben erzielen, die nicht für den keramischen Bereich konzipiert sind. Sie sind meist weich genug zum Arbeiten auf fast allen Oberflächen. Es kann passieren, dass die Pigmente in ihnen nicht immer ausbrennen. Besonders gilt das für erdige und fleischfarbene Töne und für Weiß. Hier entstehen im Brand verschieden dunkle Braun- und Cremetöne, die bei hohen Brenntemperaturen auf dem Scherben haften bleiben. Ölpa-

Brian Trueman (GB): Flasche. Aussparungen für verschiedenfarbige Bereiche mit Schmelzwachs. Details mit Schmelzwachs angelegt, erneut glasiert.

stellfarben bestechen durch ihre unproblematische Anwendung auf Schrühware und die Leichtigkeit und Spontaneität ihrer Wirkung. In Verbindung mit Schablonen und Klebeband lassen sich mit ihnen scharfkantige Aussparungen mit einem strukturierten Innendekor vebinden.

Da Ölpastellfarben sehr weich sind, kann man sie auch nach dem Auftrag noch bearbeiten. Sie lassen sich problemlos verstreichen und mischen, wodurch die bereits vorhandenen und die hinzugefügten Pigmente einander beeinflussen. Man kann auch durch mit Stiften aufgetragenes Wachs hindurch kratzen, um feine Linien zu erhalten. Ihre Abdeckqualitäten sind hervorragend und sie werden auf dem fertigen Stück klar wiedergegeben.

Gekaufte Pastellfarben haben den Nachteil, dass ihre Farbpalette im Brand beschränkt ist, aber wenn man sie mit selbstgemachten Farben kombiniert, ist eine Vielzahl von Farben möglich. Bei niedrigen Temperaturen haften die Pigmente manchmal nicht auf der Oberfläche. Wenn Sie Pastellfarben kaufen, achten Sie auf eine große Farbauswahl und auf die Möglichkeit, oft benutzte Farben einzeln nachkaufen zu können.

Heißes Wachs und Malbällchen

Wachs auf Wasserbasis lässt sich normalerweise nicht mit dem Malbällchen auftragen, weil es zu dünnflüssig ist und auch auf horizontalen Flächen gerne läuft. Ein sorgfältig vorbereitetes Wachsgemisch kommt schon eher in Frage. Das Paraffinwachs wird wie oben beschrieben geschmolzen, das Kerosin zugefügt und die Mischung abgekühlt. Dabei sollte eine Paste entstehen, die sich in Deckelgefäßen zur späteren Verwendung aufheben lässt. Vor der Verarbeitung wird ein Teil der Paste in einen anderen Behälter gegeben, Kerosin zugefügt und geschüttelt, bis das Wachs fast flüssig ist. Eventuelle Klumpen werden durch grobe Maschen gesiebt. Das Wachs sollte zähflüssig sein und sich »ziehen« lassen. Man saugt es mit einem Malbällchen an, das man sachte nach unten schlägt, um eventuelle Blasen zu entfernen. Dann kann man dekorieren. Wichtig: Das Malbällchen kann mit Kerosin gereinigt werden, aber dadurch wird auf lange Sicht das Gummi bzw. Plastik des Malbällchens angegriffen und zerstört.

Das Gemisch lässt sich gut ausdrücken, da es auch ohne Erwärmen flüssig ist. Es stößt Glasur hervorragend ab, so dass klar definierte Ränder entstehen und wenig Glasur auf dem Wachs verbleibt.

Nachteilig ist, dass das Gemisch beim Arbeiten leicht verschmiert und nicht erhärtet. So lassen sich Fehler kaum korrigieren und man bekommt klebrige Finger.

Auch dieser Mischung kann man Pigmente und Oxide beimengen, so dass farbige Linien entstehen, aber man sollte bedenken, dass eine zu dicke Linie im Brand schmilzt und die Farbe von steilen Flächen ablaufen kann. Diese Eigenschaften kann man natürlich auch bewußt einsetzen.

Pigmente beimischen

Schmelzwachs kann man in Kombination mit anderen Glasuren/Engoben/ Farbkörpern auch mit Pigmenten versehen und normal auftragen. Je mehr Pigment zugefügt wird, desto zäher wird das Gemisch. Mit etwas Kerosin lässt es sich aber wieder verflüssigen. Dadurch allerdings wird das Wachs weicher, also muss man beim Anwenden vorsichtiger sein. Schließlich gibt es einen Punkt, ab dem zuviel Pigment und Öl das Wachs unbrauchbar machen. Stark färbende Oxide wie Kupfer oder Kobald sind am besten, weil man von ihnen nur wenig für eine kräftige Farbe benötigt, so dass das Fließverhalten weniger beeinflusst wird.

Wenn mit Schmelzwachs lediglich ein Bereich abgedeckt werden soll, ist die Dicke der Schicht nicht so wichtig, solange der ganze Bereich bedeckt ist. Anders verhält es sich, wenn Pigmente zugesetzt wurden. Unterschiedlich dicker Auftrag führt zu unterschiedlichen Pigmentkonzentrationen, so dass jeder Pinselstrich erkennbar ist. Dies lässt sich leicht nachprüfen, indem man einen Finger in das pigmentierte Wachs hält (Vorsicht, nicht verbrennen!) und ihn auf den Ton drückt. Dabei erkennt man, dass in dem Bereich des Fingers, der die Oberfläche zuletzt berührt hat (die Mitte), die Wachsschicht dicker ist. Auch der Rand, wo durch den Fingerabdruck etwas Wachs herausgedrückt wurde, weist eine dickere Schicht auf wie beim Auge auf einer Pfauenfeder. Ein solcher Abdruck erscheint nach dem Brand in den entsprechenden Farbabstufungen.

Mit Schwammstempeln, groben Pinseln und allen Hilfsmitteln, die verschieden dicke Wachsschichten bewirken, lassen sich in einem Bereich sehr vorteilhafte Farbabstufungen herstellen. Mit dieser Abdeckung kann man Oxide, Farbkörper und Schmelzfarben versetzen.

Falls Sie eine klar abgegrenzte, gleichmäßig pigmentierte Fläche planen, sollten Sie mit einer Schablone aus Papier oder Klebeband arbeiten, damit der Bereich mit weiten, gleichmäßigen Pinselstrichen bedeckt werden kann. Wenn dann die Maske entfernt wird, bleibt ein dünn mit Wachs bestrichener Bereich für den nächsten Auftrag der nächsten Schicht.

Regeln für das Arbeiten mit Wachs

Da Schmelzwachs und Wachs auf Wasserbasis nach dem Auftrag trocknen, sind Fehler nur schwer zu beheben. Deshalb sollte ein Dekor sorgfältig geplant werden, bevor man sich an die Arbeit macht. Ein Wiederholungsmuster etwa sollte so groß konzipiert werden, dass es sich gleichmäßig um ein Gefäß anlegen lässt.

Wer mit Wachsen wenig Erfahrung gesammelt hat, versucht sich am besten erst einmal an Probekacheln. Diese sollten eine Seitenlänge von mindestens 150 mm haben, damit man unbefangen damit arbeiten kann. So bekommen Sie nicht nur ein Gefühl für die Konsistenz des Wachses,

Royce McGlashen (NZ): »High Tea«. Dekoriert mit Schmelzwachs und Eisensulphat.

Sie können auch mit den verschiedenen Stärken von später aufgetragenen Farbkörpern/Engoben/Glasuren experimentieren. Auch mit einiger Erfahrung ist es immer empfehlenswert, vor dem Dekorieren mit einer Probekachel zu üben, um ein Gefühl für die Technik zu bekommen und die Konsistenz des Wachses zu testen.

Wenn das Wachs auf Rohware aufgetragen wurde, lässt es sich vorsichtig abkratzen, um Fehler auszubessern, solange diese nicht zu großflächig sind. Fehler auf Schrühware sind so gut wie irreparabel, und der einzige Ausweg ist meist, das Stück mit in den nächsten Schrühbrand zu stellen oder auf 600 °C zu erwärmen. Dann brennt das Wachs aus und man kann wieder neu dekorieren.

Mit Lösungsmitteln wie Brennspiritus kann das Wachs aufgelöst werden, aber dies ist eine unsaubere Prozedur, bei der Wachsreste in den Tonporen zuückbleiben können, die beim Auftragen weiterer Schichten Probleme machen können. Von Terpentinersatz und ähnlichen Flüssigkeiten ist abzuraten, weil sie einen schmierigen Belag hinterlassen, der seinerseits gegenüber weiteren Schichten abdeckend wirkt. Nicht vergessen: Lösungsmittel sind leicht entflammbar und werden von geschrühtem Scherben angesaugt, wenn sie zu großzügig verwendet werden. Lassen Sie deshalb ein gereinigtes Stück vor dem Brand so lange stehen, bis alles Lösungsmittel verflogen ist. Andernfalls könnten sich die Gase im Ofen entzünden und zu einer Explosion führen.

Wenn Wachs auf ungebrannte Glasur aufgetragen wurde, lassen sich Fehler vergleichsweise leicht beheben. Die Glasurschicht ist nämlich puderförmig, so dass sich Fehler mit einem scharfen, spitzen Messer vorsichtig entfernen lassen, wobei die Glasur möglichst nicht abplatzen sollte. Bei einer dünnen Wachsschicht ist eine schabende Bewegung am besten. Versuchen Sie nicht, das Wachs wie bei Wachs auf Wasserbasis mit dem Finger oder dem Radiergummi abzutupfen. Dafür ist Schmelzwachs zu schmierig.

Das häufigste Problem mit Wachs ist das Laufen aufgrund eines zu vollen Pinsels, eines zu starken Drucks oder aber eine Kombination von beiden. Üben Sie vorher mit einer Probekachel, um das Gefühl für die richtige Arbeitsweise zu bekommen.

Ist ein Stück einmal dekoriert, sollten Sie das Muster nicht mehr berühren, denn das Wachs bewahrt sich immer eine gewisse Klebrigkeit und das Muster könnte zerstört werden. Am besten stellt man das Stück auf eine Kachel oder einen Ziegel, damit es sich in der Werkstatt hin- und hertragen lässt. Vor dem Brand kann man – etwa um Glasur von der Standfläche abzuwischen – das Stück vorsichtig hochheben, sofern eine Beschädigung der

Wachsschicht keine Folgen hat. Dies gilt auch für Wachs auf Wasserbasis.

Da Schmelzwachsgemische während der Anwendung ständig erwärmt werden, wird auch ständig Paraffin/Kerosin verdampft und muss bei längeren Arbeitsintervallen nachgefüllt werden, damit die Konsistenz gleich bleibt. Die so entstehenden Dämpfe sind schädlich, weshalb für eine angemessene Lüftung zu sorgen ist. Dafür kann man ein abnehmbares Abzugsrohr mit einem in der Wand oder der Decke installierten Ventilator verbinden. Im Handel sind aber auch Abzugsrohre mit Bayonettverschluß erhältlich, die nach dem Gebrauch abgenommen werden können. Es gibt auch Abzugsrohre aus Draht mit einer Bespannung aus Leinwand oder Plastik, die wie eine Ziehharmonika zusammengeschoben werden können. Sie ähneln den Abzügen von Wäschetrocknern, sind aber dicker.

Pinsel, mit denen Schmelzwachs aufgetragen wurde, brauchen nach der Benutzung nicht gereinigt zu werden. Man streicht sie wieder in ihre Ursprungsform und lässt sie abkühlen. Beim nächsten Erwärmen sind sie wieder ganz die alten. Die Lebensdauer eines Pinsels verkürzt sich aber erheblich, wenn man ihn lange im heißen Gemisch stehen lässt. Daher ist es besser, einen dicken Draht als Pinselablage über den Wachsbehälter zu legen. So bleiben die Pinsel durch die Wärme des Wachses geschmeidig und einsatzbereit, ohne dass sie durch zu starke Hitze beschädigt werden.

Auftrag auf ungebrannten Glasuren

Auf ungebrannten Glasuren wird Wachs für gewöhnlich aufgetragen, wenn danach noch weitere Glasuren oder Pigmente zur Anwendung kommen. Das aufgetragene Wachs sollte wie eine mehr oder weniger dicke Lackschicht aussehen, je nach Gemisch und Flüssigkeit. Wenn die ungebrannte Glasurschicht vor dem Wachsauftrag zu stark getrocknet ist, kann sie sich lösen oder im Brand schrumpelig werden. Abhilfe schafft ein weicheres Wachsgemisch, aber besser ist das Dekorieren nach dem Glasieren, solange die Glasur noch nicht ganz ausgetrocknet ist.

Bedenken sollte man zudem, dass eine zuerst aufgetragene Glasur Blasen wirft und sich vom geschrühten Scherben ablöst, wenn sie durchgetrocknet ist, bevor die nächste Schicht Glasur getaucht, geschüttet oder aufgepinselt wird. Ursache dafür ist das Wasser der neuen Glasur, das durch die erste Glasur in den Scherben wandert. Im Brand kann es dann zu Schrumpelbildung kommen. Daher ist eine gewisse Feuchtigkeit immer ratsam. Eine kalte Arbeitsumgebung kann ebenfalls dazu führen, dass sich das Schmelzwachs selbst hochkrümmt. Dies ist der Fall, wenn kalte Schrühware mit warmer Wachsschicht in kalte Glasur getaucht wird. Dann erstarrt das Wachs zu schnell und kann nicht genug in die Glasurschicht eindringen, so dass es nicht genug Halt findet. Im Winter ist es ratsam, wenn auch umständlich, die Schrühware anzuwärmen oder das Wasser im Glasureimer abzuschöpfen und durch warmes zu ersetzen. Jede Wachsdekoration mit Ausnahme von sehr weichem Schmelzwachs blättert nach längerer Zeit ab.

Wer mit Schmelzwachs arbeitet, muss sicher immer vor Verbrennungen hüten!

Nach dem Brand kann das Wachs, besonders bei niedrigeren Temperaturen, Rückstände zurücklassen, die dann durch Schmirgeln oder Bürsten entfernt werden müssen.

Wenn ein Stück großflächig mit Wachs bedeckt ist, sollte man nicht vergessen, dass es weit langsamer trocknet als das gleiche Stück mit weniger Beschichtung. Das liegt an den wasserabweisenden Eigenschaften von Wachs. Besonders vorsichtig sollte man daher bei Rohware sein, denn sie könnte ohne weiteres im Ofen explodieren. Bei der Plattenbautechnik streicht man bisweilen die Fugen mit Wachs ein, damit sie langsamer trocknen und Rissen vorgebeugt wird.

Glasuren und Wachs

Mit Wachs lassen sich Muster, Formen und Abdrücke wie beschrieben herstellen, aber auch wenn größere Farbflächen angestrebt werden oder ein Stück zu groß ist, um es durch einmaliges Tauchen zu glasieren, kann Wachs sehr nützlich sein.

Beispiel 1: Andersfarbige Fläche

Wir wollen eine Schale zweifarbig glasieren, wobei die eine Farbe ein großes Quadrat in der Mitte bilden soll. Zuerst wird das Objekt viermal so eingetaucht, dass in der Mitte ein Quadrat aus geschrühtem Scherben bleibt. Sobald die Glasur nicht mehr glänzt, kann der quadratische Glasurrand gewachst werden, mit Wachsemulsion oder mit Schmelzwachs. Falls ein akkurates Quadrat mit Tauchen schwierig herzustellen ist, kann man auch weiter eintauchen, dann das Wachs in der gewünschten Größe auftragen und die Glasur bis zum Wachsrand abkratzen und -wischen. Dann kann die zweite Glasur in die Mitte und wieder heraus gegossen werden, wobei Glasur 1 nicht beschädigt werden darf. So entsteht das Quadrat in der Mitte.

Beispiel 2: Glasieren eines großen Gefäßes

Fast jeder hat schon einmal ein großes Objekt hergestellt und hatte Schwierigkeiten, es durch einmaliges Tauchen zu glasieren. Der Glasureimer war zu klein, die Glasur reichte nicht, wir waren in Eile oder hatten keine Spritzvorrichtung zur Hand.

Rühren Sie die Glasur auf und tauchen Sie das Gefäß zur Hälfte ein. Sobald die Glasur nicht mehr glänzt, tragen Sie einen breiten Streifen Wachs bis auf 2 mm an die Glasurkante auf. Drehen Sie nun das

Gefäß um und tauchen Sie die andere Hälfte ein. Die Glasur fließt vom gewachsten Bereich ab und ergibt eine rundum gleichmäßige Glasurschicht.

Jeff Irwin (USA): »Spontaneous combustion«. Durchmesser etwa 50 cm. Dekoriert mit schwarzer und weißer Engobe und mit Wachs auf Ölbasis.

Beispiel 3: Verschiedene Farben

Es handelt sich hier um die gleiche Technik wie in Beispiel 2, diesmal aber wird in eine andere Glasur getaucht oder das Gefäß wird an beiden Enden eingetaucht, so dass der Mittelbereich freibleibt. Die glasierten Flächen können gewachst und in eine andere Glasur getaucht werden,

so dass ein kontrastierender Mittelstreifen entsteht.

Diese Beispiele sind sehr einfach gehalten, und mit ein wenig Phantasie können Sie eine Vielzahl noch ausgereifterer Methoden entwickeln.

Jeff Irwin (USA)

Jeff Irwin arbeitet mit Wachsen auf Ölbasis, die besonders gut abdecken, wenn sie mit dünnen, wasserlöslichen Farben verwendet werden.

Bei seinen früheren Werken verband er Wachs mit handelsüblichen Unterglasurfarben und schuf abstrakte, scharfkantige Dekore. Zunächst pinselte er die Farben schichtweise auf geschrühten Scherben, eine dünne Transparentglasur oder zwei dicke Schichten für eine trübe Oberfläche. Dann wurde Mobile Brand Flüssigwachs auf Ölbasis dort aufgepinselt, wo die Grundglasur abgedeckt werden sollte, um später sichtbar zu sein.

Eine andere Unterglasurfarbe wurde sorgfältig entlang der Wachskante so auf die Oberfläche gepinselt, dass sie gerade so den Wachsrand berührte, aber nicht das ganze Wachs bedeckte. Aufgrund des Ölgehalts im Wachs lief die wasserlösliche Farbe bis an den Rand des Wachses zurück, so dass harte Linien mit kräftigerer Farbe entstanden. Ist die Farbe zu dick oder wird zu viel Wachs von ihr bedeckt, dann wird die Glasur nicht genug abgestoßen und es entstehen keine so klaren Kanten.

Weil das Wachs auf eine Schicht Farbe aufgetragen wird, haftet es nicht so gut und lässt sich mit Geschick und Sorgfalt abheben, worauf man erneut wachsen oder eine andere Farbe auftragen kann. Dann kann wieder Wachs oder Glasur aufgetragen werden, bis genug Schichten und Farben vorliegen. Man kann auch in das Wachs schnitzen und dann wieder auftragen. Jetzt kann geschrüht werden, wobei verbrannte Wachsreste bleiben, die vor dem Auftrag der Transparentglasur und dem Glattbrand abgewaschen werden müssen.

Diese Methode setzte Jeff früher mit praktischen Schalen ein, heute schafft er eher narrative, skulpturenhafte Objekte, auf denen die glänzende Fertigglasur nicht richtig wirken würde. Deshalb nimmt er Sinterengoben, um seidig glänzende Oberflächen zu erzielen.

Seine stark von Holzdruck und chinesischen Steinabreibungen beeinflussten Stücke benötigen ebenfalls klare Linien. In einer Vielzahl von Techniken werden die Stücke handgefertigt und vollständig trocknen gelassen. Dann werden zwei Schichten weiße Sinterengobe aufgebracht und das Stück wieder getrocknet. Von einer sorgfältig vorbereiteten Entwurfszeichnung wird eine Zeichnung mit weichem Bleistift auf das Stück übertragen. Der Bleistift markiert die zu wachsenden Bereiche und brennt später aus.

Dann wird das Wachs aufgetragen und anschließend wie erwähnt zwei Schichten schwarze Engobe. Das Dekor kann in Sgraffitotechnik weiter bearbeitet werden und die Linien werden mit Engobe ausgelegt. Dann wird die Standfläche gesäubert und das Stück im Einmalbrand bis 1090 °C gebrannt.

Problematisch ist bei dieser Technik nur, dass die Engobe im Brand nadelstichig werden kann, wenn sie zuvor nicht geglättet oder mit dem Schwamm abgewischt wurde.

4. Latexwachs und Latexlösungen

Latex-»Wachse« gibt es in zwei Varianten: als natürliche Latexemulsion oder als mit Lösungsmitteln auf Alkoholbasis aufgelöstes Latexgummi. Es handelt sich hierbei nicht um richtige Wachse, aber sie werden oft so genannt. Die Latexe auf Lösungsmittelbasis sind normalerweise recht flüssig und haben eine bräunlich-gelbe Farbe. Die Latexemulsion ist weiß und eher zähflüssig, aber sie fließt noch.

Diese Abdeckmittel sind in jedem Keramikbedarfshandel erhältlich, es gibt sie aber auch im Künstlerbedarf als Abdeckflüssigkeit für das Aquarellmalen oder als Vielzweck-Papierkleber. Beide sind Emulsionen.

Latexwachse lassen sich wie andere Wachse mit dem Pinsel auftragen, ihr Vorteil aber liegt darin, dass sie zu einer dünnen Schicht Gummi werden, sobald sie trocken bzw. die Lösungsmittel verflogen sind. Diese Gummischicht kann man von ungebrannter Glasur und von Rohware problemlos abziehen. Schrühware sollte geglättet sein; auf ihr verhält sich das Gummi »temperamentvoller«. Diese Möglichkeit, das Latex abzuziehen, bedeutet, dass sich Fehler problemlos berichtigen lassen und – was noch interessanter ist –, dass sich so Schichten auftragen, überglasieren und wieder abziehen lassen. Dann kann wieder abgedeckt, glasiert und abgezogen werden und so weiter. Mit dieser Technik kann man Muster in mehreren Schichten auftragen und durch verschiedene Farben übereinander verschiedene Effekte erzielen.

Ein weiterer Vorteil von Latexwachsen besteht darin, dass sie sich ideal für feucht nasse Oberflächen eignen, denn Wasser bzw. Lösungsmittel verdunsten auch hier ohne weiteres und ihre Deckeigenschaften sind hervorragend. Wachse auf Wasserbasis würden unter solchen Umständen nicht so gut funktionieren.

Der Nachteil von Latexwachsen ist, dass sie die Pinsel gerne verkleben, so dass man keine besonders feinen Linien ziehen kann. Latexe auf Wasserbasis sind leicht zu reinigen, solange man sie nicht trocken werden lässt. Hartnäckiger sind dagegen die Lösungen. Ich habe keinen Händler gefunden, der ein geeignetes Lösungsmittel empfehlen konnte. Man kann auch das Latex trocknen lassen und die Pinsel dann in heißer Seifenlauge auswaschen, aber auch dann haben die Pinsel keine hohe Lebenserwartung.

Auftrag

Abgesehen von Pinseln lässt sich Latex auch mit einer Art Malbällchen auftragen, das man aus der Tube der Latexemulsion herstellen kann (in Großbritannien z. B. des Produktes Copydex). Entwickelt hat dieses sehr nützliche Werkzeug zum Linienziehen der Töpfer John Wheeldon, der damit und mit Lüster seine Objekte dekoriert. Man entfernt den Deckel von der Tube und bohrt ein Loch in seine Spitze. In diese Kappe mit starkem Kleber die Spitze eines Filzstiftes ohne die Filzspitze kleben. Dann die Kappe wieder aufschrauben. Bei Druck auf die Tube tritt eine dünne Spur Latex aus, mit der man dekorieren kann. Wenn die Tube leer ist, einfach die Kappe auf eine volle Tube

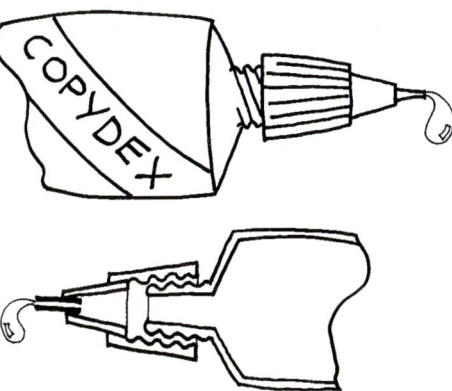

John Wheeldon (GB): Lüstergefäß. Linien mit Latex aufgetragen.

Rechts
Malvorrichtung für Copydex-Kleber. Die Kappe ist mit einem Loch versehen, in das die Spitze eines dünnen Filzstiftes ohne Filzspitze eingesetzt wurde. Mit dieser klugen und vielseitigen Vorrichtung lassen sich sehr dünne Linien ziehen.

schrauben. Wer fleißig damit arbeitet, verfügt schon nach kurzer Zeit über mehrere Ersatzkappen, die man mit verschieden großen Öffnungen bestücken dann. Die trockenen Latexreste über der Öffnung einfach abziehen und loslegen. Angenehm ist, dass das Mittel in der Tube nicht austrocknet, weil bei nachlassendem Druck weder das Mittel noch Luft eingesogen werden. (Hinweis: Im Keramikbedarf gibt es verschiedene Latexe mit den gleichen Eigenschaften wie Copydex, allerdings kaum in Tubenform. Da hilft vielleicht eher der Schreibwarenhandel.)

Latexemulsionen lassen sich mit Wasser verdünnen und als dünne Abdeckung auftragen, die eine dünne Farbschicht zu halten vermag, womit sich dünne transpa-

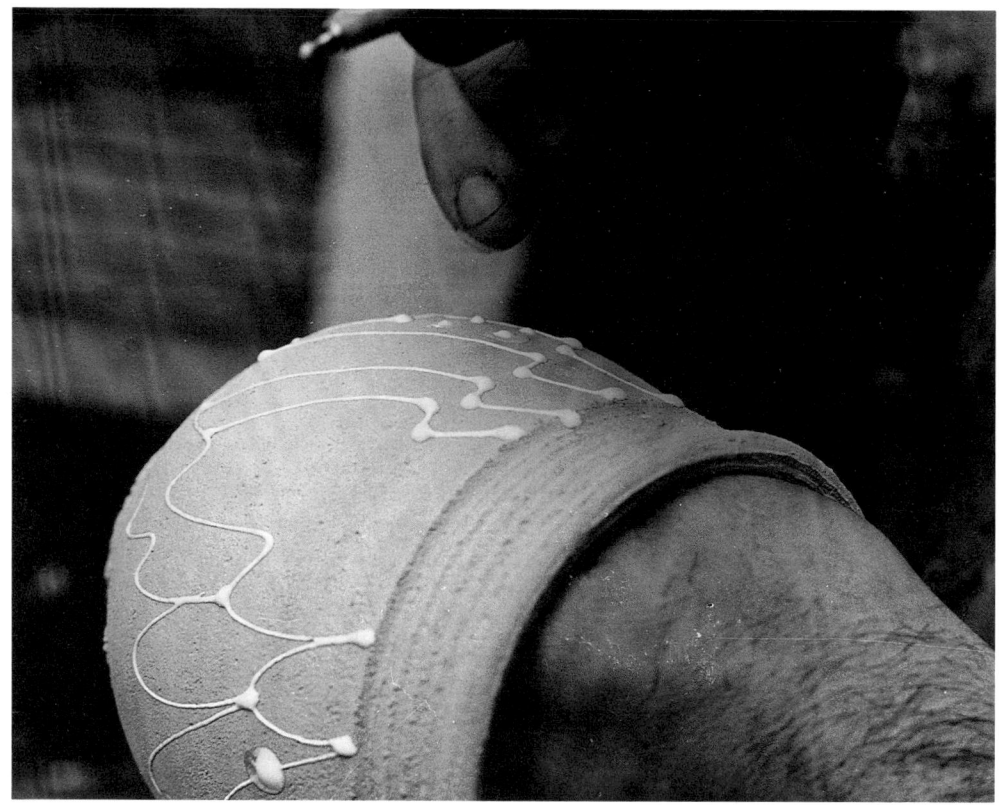

John Wheeldon beim Auftragen von Copydex auf ein Gefäß.

rente Farbaufträge verwirklichen lassen. Wenn die Farbe sehr dünnflüssig ist, kann sie sich in den weniger stark abgedeckten Bereichen sammeln und zu einer Marmoroptik führen.

Die Verwendung von Schwämmen für den Auftrag von Latex kann ich nicht empfehlen, denn die Schwämme verkleben und lassen sich kaum reinigen, so dass sie nicht lange halten.

Latex abziehen

Idealerweise hebt man ein Ende des Dekors zunächst mit einer Pinzette an und fährt dann mit den Fingern fort. Das Abziehen des Latex ähnelt dem Entfernen eines Gummibandes. Wenn das Dekor umfangreich und verbunden ist, wird es sich in einem Stück als Gummigebilde lösen, wenn man an einem Ende angefangen hat. Dabei vorsichtig ziehen und das Stück drehen, bis die ganze Abdeckung schließlich von der Oberfläche abschnellt. Wann Sie jedoch einen Fehler ausbessern wollen, müssen Sie achtgeben, dass Sie nicht das gesamte Latex abziehen. In diesem Fall ist es aufgrund der Dehnbarkeit des Latex besser, das Gummi bis zum Ende des Fehlers zu ziehen und dann mit einer kleinen scharfen Schere abzuschneiden.

Wird Latex auf eine getrocknete Glasur aufgetragen oder von einer getrockneten Glasur bedeckt, dann lässt sich Staubbildung beim Abziehen des Gummis nicht vermeiden. Deshalb sind entsprechende Vorsichtsmaßnahmen zu ergreifen. Der Staub besteht aus auf dem Gummi verbliebenen Resten oder aus Resten, die

unter dem Gummi hängengeblieben sind. In beiden Fällen kann dies dazu führen, dass größere Glasurpartikel auf andere Flächen geschleudert werden, was ärgerlich sein kann, aber auch ein Gewinn.

Verwendungen

Da der Latexkleber dickflüssiger ist als die im Keramikhandel erhältlichen Latexe, entstehen damit relativ erhabene Linien. Dadurch kann man ähnlich verfahren wie die Ziegelindustrie Ende des 19. und Anfang des 20. Jahrhunderts, als mit Engobe dünne Linien gezogen wurden, die eine Fläche umgrenzten, in die man die Glasur laufen ließ, die dann dick und tief wirkte. Diese Methode ist auch für Latex geeignet – mit dem Vorteil, dass sich das Latex abziehen lässt und eine Rille in der Engobe bzw. Glasur zurückbleibt. Diese kann man dann wiederum mit jedem Wachs abdecken, die Rillen in einer anderen Glasur bzw. Engobe ausfüllen und erhält so ein Bild mit andersfarbigem Rand.

Beim Abziehen von Latex wird seine gummiartige Dehnbarkeit erkennbar. Abdruck mit freundlicher Genehmigung von Hanna Lore Hombordy (USA).

Latexwachs kann nicht benutzt werden, um eine Schicht zu bilden, durch die hindurch geritzt wird. Das geht nicht aufgrund seiner gummiartigen Beschaffenheit; es würde sich nur langziehen und ablösen, ohne dass man es sauber schneiden könnte.

Auch für die Technik, bei der Wachs oder Schellack auf Rohware aufgetragen wird und man den Ton aus den nicht gewachsten Bereichen auswäscht, um verschiedene Stärken zu erreichen, ist Latex weniger geeignet. Es löst sich unter dem Schwamm ab und es entstehen keine klar definierten Kanten.

Latex ist sehr vielseitig verwendbar und der einzige ernsthafte Nachteil ist das Problem der Pinselreinigung. Carolyn Genders ist eine Künstlerin, die mit Latex arbeitet.

Carolyn Genders (GB)

Carolyn ist europaweit bekannt durch ihre mit mehreren Schichten Wachs und Sinterengoben verzierten Objekte, die eine interessante Struktur und farbliche Tiefenwirkung aufweisen. Sie baut ihre Gefäße meist aus weißbrennendem Steingutton auf, säubert, schabt und glättet dann die Oberfläche vor dem Dekorieren. Ihre Gefäße sind einfache strenge Formen, auf deren Oberfläche sich das Dekor frei entfalten kann.

Der Großteil des Dekorierens spielt sich vor dem Schrühbrand ab, wenn die Oberfläche vollkommen trocken ist, dann ergeben sich interessantere Linien und Abdrücke. Zunächst wird durch Betupfen der gesamten Oberfläche mit einer ein- oder mehrfarbigen Engobe ein farbiger Untergrund geschaffen. Dies geschieht mit Naturschwämmen und verschieden geformten Kunstschwämmen, so dass die Schicht kein erkennbares Muster aufweist. Dann wird mit freihändigen Pinselstrichen ein Muster aus Latexwachs angelegt. Da das Latex gleich trocknet, kann man schnell, schwungvoll und spontan arbeiten.

Anschließend wird wieder andersfarbige Engobe aufgepinselt oder mit einem Schwamm aufgetupft oder -gewischt. So lassen sich mehrere Schichten auftragen, bis die gewünschte Farbwirkung erreicht ist. Dabei nicht zu feste aufdrücken! Die Engoben sollten etwa die Konsistenz von normalem Joghurt haben, für das Arbeiten mit Schwämmen aber etwas dicker sein. Dünne Engoben sind hierbei transparenter und wirken mehr wie Wasserfarbe. Wenn Carolyn gerade nicht töpfert, malt sie viel mit Aquarell- und Ölfarben, und die eher intuitive Herangehensweise ihrer geübten Pinseltechnik überträgt sich in angenehmer Weise auf ihre Arbeit mit Keramik. Ihre Objekte zeichnen sich eher durch eine wache Intuition aus als durch ein technikbestimmtes Vorgehen.

Als nächstes ritzt sie duch die Schichten bis in den Scherben des Gefäßes. Dann wird vorsichtig gefärbte Tonmasse in diese Vertiefungen gelegt und sorgfältig poliert, damit sich der feuchte mit dem trockenen Ton verbindet. Hierbei kann man Abziehbleche benutzen, um überschüssigen Ton abzuschaben, die Ritze sichtbar zu machen und den Schichten des Engobeuntergrundes eine Kratzeroptik zu verleihen. Das Wachs kann man mit Nylonpinseln auftragen, aber auch schütten, um lineare Muster zu erreichen. Sie benutzt auch verschiedene Formen von Fächerpinseln, die sehr vielseitige Muster ermöglichen. Chinesische Schafhaarpinsel und künstlich hergestellte Pinsel benutzt Carolyn am liebsten, weil andere Borsten und Haare zu schnell verkleben und sich abnutzen. Wenn es um klare, geometrische Linien geht, benutzt sie Copydex, das sie mit etwas Wasser flüssiger macht. Ebenso schmilzt sie Vaseline und Kerzenwachs zu einem Gemisch zusammen, mit dem sie feine Linien herstellt. Für größere Flächen eignet sich das Gemisch allerdings weniger, da es beim Ritzen gerne bricht, so dass Engobe in die Risse dringen kann.

Da die Engoben recht zähflüssig sind und vom Wachs nicht immer vollständig abgestoßen werden, macht sich Carolyn diese Tatsache bei ihrer Arbeit zunutze. Je dicker die Engobe, desto weniger wird sie abgestoßen. So kann man erreichen, dass dünne, durchscheinende Schichten Engobe auf dem Wachs haften. Durch das Aufbauen von dicken, opaken Schichten und durchscheinenden Bereichen entsteht ein Kontrast, der die Oberfläche dreidimensional erscheinen lässt.

Durch das Brennen von über Wachs aufgetragener Engobe ergeben sich gewisse Probleme. Die Oberfläche muss abgeschliffen werden, denn die Engobe kann sich im Brand blattartig abheben, wodurch scharfe Kanten entstehen. Das Abschleifen ist ziemlich arbeitsintensiv und geschieht am besten mit einem guten

Schleifstein. Würde man im Schrühstadium mit dem Schleifen beginnen, bevor die Engobe verglast ist, bestünde die Gefahr, dass Teile des Dekors entfernt würden, die noch gebraucht werden. Carolyn verwendet Sinterengoben mit einem geringen Anteil Flussmittel, die gerade so weit sintern, dass sie leicht glänzen. So werden sie auch ohne Glasur sehr beständig, aber manchmal benutzt Carolyn auch Glasuren.

Obwohl die Farbkörper, mit denen die Engoben eingefärbt werden, im Grunde die gleiche Farbe haben wie nach dem Brand, werden sie doch durch das Vermischen mit Ton blasser, als sie nach dem Brand wirken. Es braucht etwas Erfahrung, um die spätere Farbwirkung einschätzen zu können. Dieses Element der Unsicherheit reizt Carolyn und jeder fertig gebrannte Ofen birgt neue Überraschungen.

Fehler beim Auftrag der Engobe lassen sich mit dem Schwamm abwaschen und neue Schichten können angelegt werden.

Wenn das Dekor fertig ist, wird das Stück entweder bei 1000 °C geschrüht und eine dünne Schicht aus halbmatter, opaker Glasur aufgetragen oder es wird unglasiert bei 1160 °C mit den glasierten Stücken glattgebrannt. Sehr wichtig ist, dass die Rohware vor dem Brand gründlich trocknet und dass bis 600 °C sehr vorsichtig aufgeheizt wird, damit das Latex ausbrennen kann. Wenn man zu schnell aufheizt, durchdringen die Gase aus dem Latex die Engobeschicht zu schnell, so dass diese sich abheben und abblättern kann. Wenn man mit dem gebrannten Ergebnis nicht zufrieden ist, kann man weitere Latex- und Wachsschichten auf die glasierte Oberfläche auftragen und das Stück erneut brennen.

Carolyn Genders (GB): »Aurora«, Höhe 18 cm. Dekoriert mit Sinterengobeschichten, dazwischen Latexwachs und Wachs auf Wasserbasis.

5. Spritztechnik – traditionell und Airbrush

Es gibt viele Möglichkeiten, Engobe/ Glasur/Farbe auf Keramik aufzutragen. Die einfachsten und mit dem geringsten Aufwand durchzuführenden Methoden sind Pinseln, Tauchen und Schütten. Tauchen und Schütten eignen sich besonders, wenn große Flächen glasiert werden und dabei Farben zum Einsatz kommen, die im Brand verschmelzen, so dass kleine Schönheitsfehler korrigiert werden, die beim Auftrag entstanden sind. Mit dem Pinsel lassen sich sowohl große Flächen bedecken als auch feine Linien ziehen. Problematisch sind diese Methoden, wenn es darum geht, eine dünne und gleichmäßige Oberfläche herzustellen. In diesem Fall bieten sich Spritztechniken an.

Spritztechniken beruhen auf dem Prinzip, dass Pressluft durch ein Spritzwerkzeug geblasen wird, an dem sich ein Behälter mit dem aufzutragenden Material befindet. Wenn die Luft sich nun durch das Werkzeug bewegt, zieht sie das Material mit sich und transportiert es in Form von Nebel oder Spray auf das Objekt. Normalerweise wird die Farbe dafür mit Wasser verdünnt, aber es eignen sich auch andere Flüssigkeiten. Je dicker die aufzusprühende Flüssigkeit ist, desto größer muss der Luftdruck oder die Düse (Loch, durch das die Flüssigkeit gedrückt wird) sein.

Spritzpistolen

Das richtige Mischungsverhältnis für die jeweilige Anwendung hat man schnell heraus. Spritzpistolen gibt es in verschiedenen Größen je nach Anwendungsbereich. Für das normale Aufsprühen von Engoben oder Glasuren eignen sich am ehesten große Düsen und ein nicht zu kleiner Behälter. Wenn Sie sich an präzisere Arbeiten etwa mit Schmelzfarben wagen wollen, ist eine feinere Spritzpistole empfehlenswert. Lassen Sie sich beim Kauf gut beraten. Eine Veränderung des Luftdrucks, der Flüssigkeitszufuhr oder der Düsengröße wirkt sich immer auf das Resultat aus.

Der Kompressor für die Luftzufuhr muss genug Druck generieren können, damit ein brauchbarer Strahl entsteht. Für gewöhnlich schafft man Kompressor und Spritzpistole zusammen an, damit sie aufeinander abgestimmt sind. Der Zubehörhandel bietet zahlreiche Ausstattungen an. Die Kompressoren sind strombetrieben. Anstelle eines zu schwachen Kompressors ist ein Gerät besser, bei dem sich der Druck herunterregulieren lässt. Für die meisten Anwendungen reicht ein Druck von etwa 4 bar, aber es ist von Vorteil, wenn der Kompressor etwas stärker ist. Für Airbrushtechnik braucht er nicht so kräftig zu sein. Ein Kompressor für alle Gelegenheiten wäre ein Gerät mit einer Leistung von bis zu 15 bar. Praktisch ist es auch, wenn das Gerät Räder hat und sich bewegen lässt.

Es gibt Kompressoren und Elektro-Spritzpistolen (für den Farbauftrag im Heimwerkerbereich), bei denen die Luft in rhythmischen Schüben aus dem Werkzeug kommt. So verlässt auch die Farbe das Gerät schubweise. Bei einigen Kompressoren ist dieses Phänomen deutlicher spürbar als bei anderen. Dies stellt auch so lange kein Problem dar, wie es um den normalen Auftrag von Glasur oder Engobe geht. Wenn aber ein dünner und gleichmäßiger Auftrag angestrebt wird, macht sich der unregelmäßige Farbschub bemerkbar. Die Lösung für dieses Problem besteht im Kauf eines Kompressors mit einem Druckluftreservoir gleich welcher Größe. Da der Kauf eines Kompressors meist eine Anschaffung »fürs Leben« ist und man nie weiß, wofür man ihn nach fünf Jahren verwendet, rate ich zum Kauf eines wirklich guten Geräts, das für die meisten Verwendungszwecke geeignet ist.

Spritzpistolen eignen sich für die Arbeit mit Abdeckungen, wenn große Bereiche dünn mit Farben in einer oder mehreren Schichten bedeckt werden, wobei die Abdeckungen im gewünschten Stadium entfernt werden. Die Abdecktechniken

sind dabei die gleichen, die bereits beschrieben wurden, und sie können so einfach oder komplex sein, wie man sie benötigt. Allerdings sind Abdeckungen, die nach dem Sprühen nicht entfernt werden können, z. B. Wachs, nicht immer geeignet.

Der Spray, der die Pistole verlässt, besteht aus winzigen Tropfen. Diese können bei ihrem Flug durch die Luft trocknen. Dies geschieht am ehesten, wenn das gesprühte Material dickflüssig ist oder wenn der Abstand zwischen Pistole und Objekt zu groß ist. Wenn nun die Tröpfchen auf ein poröses Objekt treffen, wird ihnen

Verschieden große Spritzpistolen. Die kleinste ist für Schmelzfarben, die mittlere für den Allgemeingebrauch und die größte zum Bedecken großer Flächen mit Glasur oder Engobe. Airbrushpistolen für hochfeine Arbeiten sind noch erheblich kleiner. Mit freundlicher Genehmigung von T.C.A.S. Spray Equipment (GB).

lassen, dann entfernt man gleichzeitig auch diese Tröpfchen. Beim Abnehmen von Abdeckungen ist allerdings Vorsicht geboten, denn die kleinen Partikel des getrockneten Materials könnten auf andere Bereiche fallen und sie kontaminieren. Ich persönlich habe das Ablagern des Sprühnebels auf dem Wachs benutzt, um meinem Dekor mehr Struktur und Weichheit zu verleihen, was zu interessanteren Farbvariationen führen kann.

Je weiter die Spritzpistole vom Objekt weggehalten wird, desto puderiger wird die gesprühte Schicht. Diese Puderschicht ist sehr empfindlich, weil sie leicht plattgedrückt und beschädigt werden kann. Wenn man also Fingerabdrücke auf dem Endprodukt vermeiden will, muss man es nach dem Sprühen mit Vorsicht behandeln, besonders wenn Engoben oder trockene Glasurschichten aufgesprüht wurden.

Wenn das Material mit zuviel Wasser gemischt ist, kann es passieren, dass die

Eine typische Spritzkabine mit Wasserbehälter zum Auffangen von Farbresten. Wichtig für sicheres Arbeiten. Mit freundlicher Genehmigung von T.C.A.S. Spray Equipment (GB).

schnell auch die restliche Feuchtigkeit entzogen, so dass die Oberfläche puderig und strukturiert wirkt. Bei Glasuren, die noch schmelzen, ist das egal, aber bei Engoben bleibt eine rauhe Oberfläche auch nach dem Brand rauh. Wenn man auf Wachs sprüht, laufen diese trockenen Tropfen nicht ab, sondern setzen sich darauf ab und müssen später mit einem Schwamm oder nassen Pinsel entfernt werden.

Wenn sich die Abdeckungen entfernen

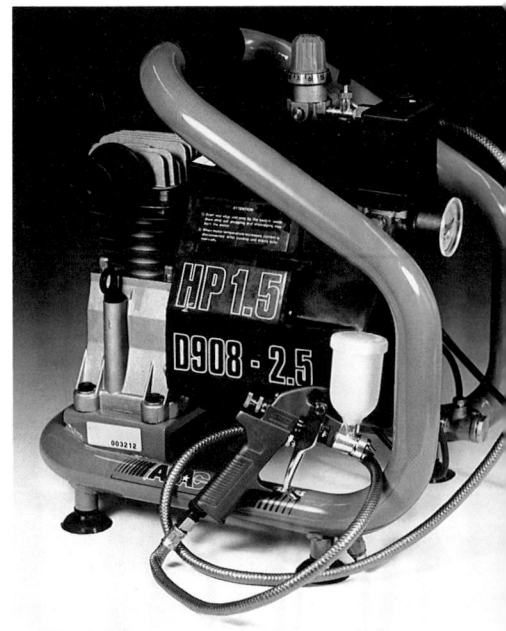

Ein typischer Kleinkompressor für alle keramischen Zwecke. Mit freundlicher Genehmigung von T.C.A.S. Spray Equipment (GB).

Absorptionsfähigkeit des Objekts zu gering ist, so dass Laufspuren entstehen. Wer mit sehr dünnen Flüssigkeiten spritzt, sollte mehrere dünne Schichten auftragen und die letzte Schicht vor dem nächsten Auftrag antrocknen lassen. Beim Besprühen von nicht-porösen Oberflächen ist Vorsicht geboten, damit sich die Farbe nicht zu stark aufbaut und abläuft. Auch hier empfiehlt sich der Auftrag mehrerer dünner Schichten, die man zwischendurch aber nicht völlig trocknen lässt. Sonst kann es passieren, dass die Feuchtigkeit der neuen Schicht ein Abheben der trockenen Schicht darunter bewirkt, was zu Schrumpelbildung im Brand führt. Hier kann man sich mit kleberhaltigen Sprühmedien oder Gummiarten behelfen, die zu einer hartgetrockneten bzw. sehr zähflüssigen Schicht führen und nicht ablaufen, z. B. Gummiarabicum, CMC oder Glasurfestiger.

Um einen dünnen, gleichmäßigen Farbauftrag zu erreichen, sollte man den Strahl über den Rand des Objektes hinwegwandern lassen, bevor man die Sprührichtung ändert, weil er sonst einen Moment auf dem Objekt stillsteht, was an dieser Stelle zu einem dickeren Farbauftrag führt. Bei Materialien, die dazu neigen, sich in Wasser schnell abzusetzen – etwa Farbkörper oder Glasuren mit hohem Fritteanteil – hilft die Zugabe eines Stellmittels, das verhindert, dass sich die Zusammensetzung des Strahls mit der Zeit ändert. Im Handel sind verschiedene Stellmittel, etwa Calziumchlorid, Bentonit oder CMC erhältlich. Meist genügt eine kleine Zugabemenge. Viele der im Handel erhältlichen Farben, besonders Schmelzfarben, sind bereits mit Stellmittel versetzt und gebrauchsfertig. Es gibt eine Vielzahl interessanter Farben, die speziell für das Spritzen gemischt sind und mit denen die meisten Schwierigkeiten gar nicht erst auftreten.

Die Schwierigkeiten beim Spritzen gleichen den Problemen bei der Airbrushtechnik und werden im folgenden Abschnitt beschrieben.

Airbrush

Wenn es um hohe Detailgenauigkeit geht, besonders wenn Farbkörper verwendet werden, dann ist Airbrush die richtige Technik. Das Funktionsprinzip hierbei ist das gleiche wie beim normalen Spritzen: Druckluft beschleunigt das Material und schickt es als Spray durch die Düse auf das Objekt. Der Unterschied liegt darin, dass sich Farben mit der Airbrushtechnik noch feiner und genauer auftragen lassen. Wer kennt nicht die Verzierungen auf Autos, Plattenhüllen und technischen Illustrationen, die so realistisch aussehen, aber mit Airbrush gemalt sind. Auch in der Keramik ist eine solch genaue Steuerung und große Detailgenauigkeit mit dieser Technik möglich.

Das Gerät selbst ist ziemlich unkompliziert und viele Firmen vertreiben eine breite Palette an extra für Airbrush konzipierten Farben. Eine Einschränkung der Möglichkeiten ist höchstens durch den Anwender gegeben, denn bei dieser Technik müssen Masken und Dekore mit äußerster Sorgfalt vorbereitet werden; dann lassen sich auch Resultate von höchster Genauigkeit erzielen. Wenn Sie also auf hohe Detailgenauigkeit und subtile Schattierungen aus sind, aber eine Suppendose nicht ganz wie eine Suppendose aussehen soll, dann sind Sie mit Airbrush richtig beraten. Und wenn Sie wollen, dass Ihre Suppendose auf Keramik genau wie eine lebensechte Suppendose aussieht, dann ist dies nur mit Airbrush zu bewerkstelligen.

Wichtig für das erfolgreiche Arbeiten mit Airbrush ist die sorgfältige Vorbereitung der Masken, für die akkurate Zeichnungen verwendet werden, und der aufzusprühenden Farben sowie hochgradig sauberes Arbeiten. Fehler bei dieser filigranen Arbeit sind kaum auszubessern.

Zunächst zum Design: Erst wird eine Arbeitszeichnung in Größe der später abzudeckenden Bereiche angefertigt, und zwar entweder farbig oder für die etwas Erfahreneren in Schwarzweiß. Dies ist die Vorlage für die Masken. Für die Masken eignet sich jedes Material, das sich nahe der Oberfläche anbringen lässt, aber am gebräuchlichsten ist dünne durchsichtige Plastikfolie, erhältlich unter der Bezeichnung »Frisket« (Klebefolie »DC-Fix«). Diese Folie ist manchmal mit einem Klebefilm zum Aufkleben auf das Objekt versehen, manchmal nicht. Dabei sollte man nicht vergessen, dass sie auf einer bereits besprühten Oberfläche haften und beim Entfernen die Farbe darunter abheben bzw. beschädigen kann. Daher sind Masken ohne Klebeseite vorzuziehen. Eine Lösung dafür ist das Brennen des Stücks nach jedem Farbauftrag, allerdings bedeutet dies viele Arbeitsunterbrechungen und eine langsame Fertigstellung.

Wenn die Maske nicht so auf dem Objekt aufliegt, dass der Rand auch gut haftet, dann kann der feine Strahl unter den Rand geraten, was eine ungenaue Linie zur Folge hat. Dies kann man als Fehler ansehen, aber auch als Gestaltungsmittel anwenden, um eine verschwommene Optik zu erzielen oder der flachen Oberfläche Tiefe zu verleihen. Wenn man gefundene Objekte wie Laub als Maske verwendet, kann man durch Sprühen unter den Rand die gebogene Optik betonen. Die amerikanische Töpferin Hanna Lore Hombordy ist eine Meisterin im Arbeiten mit diesen Materialien.

Wenn die aufgelegten Objekte leicht sind, müssen sie beschwert werden, denn sonst kann es passieren, dass die ausgestoßene Luft sie beim Sprühen bewegt oder von dem Objekt herunterbläst. Die Künstler, mit denen ich gesprochen habe, verwenden eine Vielzahl von Gewichten von kleinen Dosen, Muttern und Unterlegscheiben über kleine schwere Gegenstände bis hin zu Stücken weichen Tons. Die Schablone kann man auch mit dem Finger halten oder ankleben, wenn darunter keine Schicht ist, die beschädigt wer-

den könnte. Von Hand gehaltene Schablonen haben den Nachteil, dass sie einen zwingen, einhändig zu arbeiten, so dass schon beim ersten Anlauf nichts schiefgehen darf.

Obwohl sich auf diese Weise Bilder mit sehr klaren Kanten fertigen lassen, liegt doch der Reiz bei der Airbrushtechnik in der Möglichkeit, damit ähnlich wie bei modernen Graffitis freihändig zu arbeiten. Durch Änderung der Entfernung zur Oberfläche lassen sich mit Airbrush sowohl große Flächen färben als auch filigrane Muster herstellen. Auf jeden Fall ist es ratsam, als Anfänger mit ein paar Freihandübungen zu beginnen, um ein Gefühl für das Werkzeug zu entwickeln.

Das Resultat hängt zu einem großen Teil von dem Winkel ab, in dem der Strahl auf die Oberfläche trifft. Mit Airbrush lassen sich Sonnenstrahlen ebenso imitieren wie die von ihnen geworfenen Schatten. Wenn die Pistole im rechten Winkel zur Oberfläche steht, ergibt sich ein Farbkreis, der sehr dicht in der Mitte ist und einen verschwommenen Rand hat. Je größer der Abstand zur Oberfläche, desto größer wird die Scheibe, desto dünner die Farbe und desto verschwommener der Rand und umgekehrt. Hält man die Pistole schräg zur Oberfläche, so ergibt sich ein eher ovales, längliches Sprühbild, bei dem der Bereich am dichtesten ist, der näher an der Pistole war, während am anderen Ende nur noch ein Anflug von Farbe zu erkennen ist. Diese Arbeitsweise eignet sich am besten für das Schattieren eines dreidimensionalen Bildes. So lassen sich durch Änderung des Einfallswinkels und der Entfernung je nach Bedarf verschiedene Farbintensitäten erzielen.

Beim ersten Arbeiten mit Airbrush lohnt es sich, zur Übung einen Kreis, ein Dreieck und ein Viereck auszuschneiden und so zu besprühen, dass eine Kugel, ein Zylinder und ein Rohr entstehen. Diese Übungen macht man am besten zunächst mit Tinte.

Eine einfache Schablone aus Kunstleder, beschwert mit Unterlegscheiben.

Die Farbe wird aufgespritzt.

Unter der Maske kommt das Bild zum Vorschein.

Freihandschattierung mit Airbrush.

Natürliche Schablonen vor dem Farbauftrag.

Komplizierte Formen werden mit Gewichten beschwert.

49

Die Farbe ist aufgetragen.

Beim Entfernen der Formen erscheint das Muster. Alle Fotos mit freundlicher Genehmigung von Hanna Lore Hombordy (USA).

Hanna Lore Hombordy (USA): »Frühlingsnacht«, Durchmesser 40 cm. Dekor Airbrush und Papierschablonen.

Komplizierte Gebilde erzielt man am besten auf möglichst flachen Oberflächen, aber auch auf gebogenen Oberflächen lassen sich bei entsprechend sorgfältiger Planung gute Ergebnisse erzielen. Wenn man eine flache Maske auf eine gebogene Oberfläche legt, bilden sich Falten an ihrem Rand. Dann muss man die Maske mit kleinen Einschnitten versehen, damit sie sich um das Objekt legen lässt und doch flach aufliegt. So kann man vermeiden, dass das Spray unter die Maske gerät.

Sie können auch dünne Tonscheiben zuschneiden und vorsichtig auflegen, oder Sie nehmen Latexwachs, das Sie nachher wieder abnehmen. Je nachdem, ob Sie eine Form aus einem Blatt ausschneiden und durch das Blatt sprühen oder ob Sie die Form nehmen und um sie herum spritzen, können Sie positive oder negative Abbilder schaffen. Die Farbe kann wahlweise gleichmäßig oder abgestuft aufgetragen werden.

Auch das Auftragen von zwei oder mehr Glasuren übereinander ist möglich. Natürlich können die Glasuren einander auch beeinflussen, aber das kann man sich ja auch zunutze machen. Sollte es trotzdem ein Problem sein, dann gibt es eine Vielzahl opaker Glasuren im Handel, mit denen dieses Problem nicht auftritt. Man kann dunkle Farben mit hellen komplett überdecken. Durch die Entwicklung dieser Farben wurde es möglich, jedes

Einfache Übungen mit ausgeschnittenen Formen wie Kreisen und Zylindern zur Herstellung dreidimensionaler Abbildungen.

noch so kleine Detail abzubilden. Näheres dazu am Ende des Buchs.

Freihand oder anhand von Zeichnungen lassen sich einfache Gestaltungsmöglichkeiten realisieren und hier sollte man auch ansetzen, bevor man sich an komplexeren Dekoren versucht. Dann aber stehen einem mit den einfachsten Masken und verschiedenen Farben schier unendliche Dekorvarianten zur Verfügung.

Sehr realistische Abbildungen müssen noch viel sorgfältiger vorbereitet werden. Das Bild, das geschaffen werden soll, wird erst auf Papier angelegt – entweder farbig oder schwarzweiß. Farbig ist besser, denn so kann man leichter zwischen den verschiedenen Flächen unterscheiden, besonders, wenn komplizierte Schattierungen eingeplant sind. Die fertige Arbeitszeichnung muss dieselbe Größe haben wie das geplante Bild, denn aus ihr werden die Masken ausgeschnitten. Durch Fotokopieren lassen sich Bilder auf gewünschte Größe verkleinern oder vergrößern. Das Objekt, auf das die Abbildung übertragen werden soll, kann roh, geschrüht oder glasiert sein. Finden Sie heraus, ob Sie lieber mit Plastik oder mit Papier arbeiten. Ich empfehle transparente Plastikfolie; sie ist leichter zu positionieren und man kann sie abwaschen und erneut verwenden usw.

Legen Sie die Folie auf die Zeichnung auf und fixieren Sie sie mit Klebeband. Es gibt nichts Schlimmeres als eine Folie, die beim Schneiden verrutscht. Dann die Teile des Bildes mit einem scharfen Töpfermesser oder einem Skalpell ausschneiden. Es lohnt sich, die Teile zu nummerieren und auf einer Kopie des Bildes abzulegen, damit sie nicht durcheinander geraten. Am besten kommt man mit einfachen Ausschnitten aus dem Bild voran, wobei die Schattierungen dann über der Maske freihand aufgesprüht werden. Mehrere Plastikbögen müssen so zerschnitten werden, dass jeder die Negativformen (Löcher) darstellt, die mit einer Farbe ausgefüllt werden sollen. Wenn die Form sehr kurvig ist, kann man mehrere Stücke überlappen bzw. »Abnäher« herstellen, um der Form zu folgen. Achten Sie auf jeden Fall darauf, einen großzügigen Rand um das Negativ herum zu belassen, sonst könnte die Farbe beim Übersprühen auf Bereiche fallen, die bereits gestaltet sind. Am klügsten ist es, mit dem Hintergrund zu beginnen und sich beim Ausschneiden der Masken zum Vordergrund vorzuarbeiten, d.h. zu den zuletzt aufzutragenden kleinsten Stellen. Eine Numerierung nach Arbeitsgängen bietet sich an.

Das zu dekorierende Objekt muss sauber und frei von Fett und Staub sein, andernfalls blättern die Engoben, Unterglasurfarben und Glasuren ab. Die erste Maske wird positioniert und das Spritzen beginnt. Die richtige Vorbereitung der Farbe ist wie der Zustand des Werkzeugs äußerst wichtig. Die Farben müssen eine sehr kleine Partikelgröße haben und eine geschmeidige Konsistenz. Die handelsüblichen Airbrushfarben sind bereits gebrauchsfertig, sie müssen nur gut vermischt und nach Bedarf verdünnt werden. Zum Verdünnen immer destilliertes Wasser nehmen, denn Leitungswasser könnte Verunreinigungen enthalten, die ein Ausflocken der Farbe und damit einen ungleichmäßigen Farbauftrag bewirken. Die Hersteller von Keramikfarben für Airbrush bieten spezielle Verdünnungsflüssigkeiten an. Farben oder Oxide, die nicht speziell für Airbrush konzipiert sind, streicht man durch ein Sieb mit mindestens 200 Maschen pro cm^2. Noch besser ist das Mahlen in der Trommelmühle. So werden die Teilchen ultrafein. Die Farbe sollte etwa die Konsistenz von Milch haben, aber jeder Anwender hat eigene Vorlieben. Eine Zugabe von Bindemittel zur Flüssigkeit empfiehlt sich, um ein Verschmieren von bereits behandelten Flächen zu verhindern. Die meisten Künstler bevorzugen CMC, einen im Handel erhältlichen Binder.

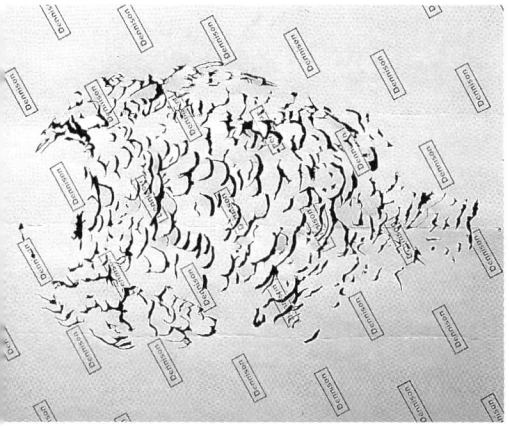

a.

b.

c.

d.

Die Farbe sollte nicht in einer Schicht aufgetragen werden, es sei denn, eine dünne Schicht ist ausreichend. Opake Farben mit Tiefenwirkung erzielt man am besten mit drei Schichten, wobei man die zuletzt aufgetragene Schicht vor dem Auftrag der nächsten trocknen lässt. Dies geschieht aus zwei Gründen: Erstens ist eine Plastikmaske nicht porös, so dass das Spray schlecht auf ihr trocknet. Wenn sich dann zuviel flüssige Farbe angesammelt hat, kann es passieren, dass die Luft aus dem Airbrush sie von der Maske auf das Objekt pustet, was einen ungleichen Auftrag bewirkt. Zweitens verhindert das Auftragen mehrerer Schichten, dass sich an der Grenze zwischen Maske und glasier-

Schablonen für die Herstellung eines Bildes; a, b und c sind Arbeitszeichnungen für die Schablonen der einzelnen Farben; d ist das fertige Werk.

ter Oberfläche Farbansammlungen oder Grate bilden. Diese ähneln den Graten, die beim mehr konventionellen Auftrag von Engoben und Glasuren entstehen und sind an sich nicht problematisch. Nur wenn über einen solchen Grat glasiert wird, bleibt er als Linie erkennbar. Hilfreich kann es auch sein, die Maske nach jedem Sprühen abzunehmen, zu waschen und gut trocknen zu lassen, um sie dann wieder in Position zu bringen. Zweitens kann es beim Spritzen einer größeren Fläche von Vorteil sein, die Schichten aus

53

verschiedenen Richtungen aufzutragen, um eine gleichmäßige Schicht zu erhalten.

Lassen Sie die Schichten gründlich trocknen, bevor Sie die nächste Maske aufsetzen, damit das Bindemittel seine volle Wirkung entfalten kann. Fertige Bereiche kann man wachsen und so vor Überspritzen schützen. Ansonsten lassen sich eventuelle Übersprühungen auch zuletzt vorsichtig mit dem Schwamm abtupfen. Dann können die Farben nacheinander mit den gewünschten Schattierungen aufgetragen werden, bis die Abbildung fertig ist. Wenn eine matte Oberfläche entstehen soll, kann man jetzt brennen, ansonsten kann vorher eine Glasur übergesprüht werden.

Der Airbrush an sich ist ein empfindliches Gerät, das sorgfältig gepflegt werden muss. Da Keramikfarben im Gegensatz zu anderen Farben einen großen Abrieb bewirken, wird man nach einiger Zeit feststellen, dass die Düse und die innere Nadel, die den Materialfluss regelt, sich abnutzen und ersetzt werden müssen, da ansonsten die Farbe nicht mehr gleichmäßig austritt. Nach jedem Farbauftrag und nach Beendigung der Arbeiten ist das Gerät gründlich auszuwaschen und zu reinigen, um zu verhindern, dass die Farben sich vermengen oder dass am Ende Farbe im Gerät eintrocknet und das Sprühverhalten beeinträchtigt.

Es kann passieren, dass der Airbrush unvorhersehbar wird und die Farbe ausspuckt oder völlig verstopft, statt den benötigten feinen Strahl zu liefern. Dies liegt immer an schlecht vorbereiteter Farbe (nicht fein genug) oder an schlechter Wartung des Instruments. Merke: Airbrush ist nichts für Schlampige!

Fehler

Folgende Hauptfehler können auftreten:

Spratzen – Flüssigkeit zu dick oder klumpig, Druck zu niedrig, Nadel abgenutzt oder verbogen, ungleichmäßiger Druck aus der Druckluftquelle, Kopf falsch zusammengesetzt.

Verlaufen – zu geringer Abstand zur Oberfläche, zu hoher Druck oder eine Kombination der beiden Ursachen.

Ungleichmäßigkeit – Farbansammlung auf Spitze und Nadel, Flüssigkeit nicht homogen, ungleichmäßiger Druckluftstrom.

Tropfen – Ansammlung auf Spitze und Nadel.

Zu breiter oder zu rauer Strahl – Spitze abgenutzt.

Flüssigkeit tritt nicht aus – Verstopfter Behälter bzw. Einlass, Flüssigkeit zu dick, zu geringer Druck, Spitze verstopft.

Strahl nicht zentrisch – Nadel verbogen, Spitze ungleichmäßig abgenutzt (oder beides), Kopf falsch zusammengesetzt.

Mir sind keine Bücher bekannt, die sich speziell mit Airbrush in der Keramik beschäftigen, aber es gibt einige Bücher über Airbrush mit Farben und Tinte. Die darin enthaltenen Informationen zu Techniken und Wartung gelten gleichermaßen für Keramik. Der beste Lehrer ist aber immer noch die Übung, also nicht verzagen!

Mike Head (GB)

Der britische Künstler und Designer Mike Head hat sich auf die Produktion von großformatigen Wandvertäfelungen mit Fliesen spezialisiert, die öffentliche Plätze wie U-Bahn-Stationen schmücken. Er trägt die Farben mit einer feinen Spritzpistole auf normale im Handel erhältliche, bereits glasierte Fliesen auf, wenn er das Dekor für eine Auftragsarbeit entworfen hat.

Wenn der Kunde mit dem Dekor einverstanden ist, wird es 1:1 auf Pauspapier übertragen. Die Fliesen werden auf der

Arbeitsfläche zu Formaten von ca. 6 m x 2 m ausgelegt mit den Abständen, in denen sie später zusammengesetzt werden, einschließlich der Fugen. Auf der Arbeitsfläche liegt eine Gummimatte, die verhindert, dass die Fliesen verrutschen. Das Dekor wird dann auf die Fliesen übertragen, indem die mit Graphitstaub eingeriebene Rückseite des Pauspapiers aufgelegt und das Dekor nachgezogen wird. Der Graphitstaub verbrennt später rückstandslos. Mike arbeitet immer mit Flächen von etwa einem Quadratmeter, weil diese Größe bequem mit dem Arm erreichbar ist, der das Werkzeug hält.

Dann wird die ganze Fläche mit einem Bogen selbstklebender Folie abgedeckt. Solche Folie ist in verschiedenen, matten oder glänzenden, Variationen erhältlich. Matt ist vorzuziehen, weil eine solche Oberfläche besser vor dem Ablaufen der Farbe von der Folie beim Sprühen schützt. Diese Folien gibt es als vorübergehende Schutzabdeckung oder als Maskenmaterial mit nichtabbindendem Kleber. Es gibt auch Sorten mit abbindendem Kleber für andere Anwendungen. Mike Head hat durch Ausprobieren herausgefunden, dass es sich am besten mit Folien mit abbindendem Kleber arbeiten lässt. Das bedeutet allerdings, dass alle Schneide- und Sprüharbeiten innerhalb von 24 Stunden abgeschlossen sein müssen, sonst lässt sich die Schablone nicht mehr entfernen, und das wäre für das Ergebnis nach dem Brand nicht gerade vorteilhaft.

Kleine Luftblasen zwischen Folie und Fliese bereiten keine Probleme. Beim Ausschneiden entlang der Graphitlinien werden sie ohnehin aufgeschnitten. Erst wird entlang der Fugen zwischen den Fliesen geschnitten und die Folie leicht um die Kanten herum angedrückt. So kann die Farbe besser von der Fliesenkante ablaufen. Beim Bedrucken im Siebdruckverfahren würde entlang der Fliesenkante eine dünne weiße Linie dadurch ausgespart, dass das gespannte Sieb sich

nicht um die Kanten legen könnte. Das würde den Gesamteindruck ruinieren, aber beim Spritzen besteht diese Gefahr nicht.

Nun werden mit einem scharfen Messer Bereiche der Folie ausgeschnitten, so dass darunter die Fliese zum Vorschein kommt. Es werden immer nur die Bereiche gleicher Farbe in einem Arbeitsgang entfernt. Die Schnittkanten werden mit dem Finger geglättet, damit ein guter Kontakt entsteht und die Farbe nicht unter die Folie läuft. Man könnte auch erst die Maske zuschneiden und dann auf die Fliese legen, aber das Plastik würde sich verziehen und die Wirkung beeinträchtigt. Dann wird eine Reihe Fliesen auf ein Brett gelegt und besprüht.

Mike bereitet seine Schmelzfarben gewissenhaft vor, um gleichmäßige Farben zu erhalten. Wenn er auf unglasierte, dicht gebrannte Fliesen spritzt, setzt er der Schmelzfarbe etwa 5 % Flussmittel zu. Er nimmt Blythes C4 Flussmittel, das auch für widerstandsfähigere Farben nach dem Brand sorgt. Meist nimmt er aber glasierte Fliesen, und dann muss der Schmelzfarbe ein kalt abbindendes Medium beigefügt werden, das bewirkt, dass die Farbschicht besser aufliegt und schneller trocknet. Hierfür nimmt er 10 % Blythes 65/42. Dem Pudergemisch aus Schmelzfarbe und Medium wird Wasser zugefügt, bis etwa die Konsistenz von Sahne erreicht ist. Die Flüssigkeit wird im Mörser zerstoßen, um die Klumpen aufzulösen und alles gut zu mischen. Dann wird sie durch ein Sieb mit mindestens 200 Maschen pro cm^2 gestrichen. Die Schmelzfarben werden zwar vom Hersteller schon feingemahlen, trotzdem kann immer mal ein kleiner Klumpen dabeisein, der zu einer Verstopfung der Düse führen kann oder zu Farbspratzen mit verheerender Wirkung. Daher immer erst sieben! Eine Farbmischung kann man 48 Stunden lagern, aber danach bilden sich durch die ausflockenden Inhaltsstoffe des Leitungswassers Klumpen, die vor der nächsten

Verwendung erneut durchgesiebt werden müssen.

Manchmal erwärmt Mike die Fliesen, um eine schnellere Trocknung der Fliesen zu erreichen, aber bei zuviel Wärme und zu schnellem Trocknen entstehen keine klaren Kanten.

Die Fliesen werden so mit vier Farbschichten versehen, dass der Strahl immer über den Fliesenrand hinaus geführt wird, damit sich nicht zum Zeitpunkt des Richtungswechsels eine doppelte Schicht bildet. Die erste Schicht kann man gerade so erkennen. Sie wird in einer vertikalen Bewegung aufgetragen, die zweite horizontal und die nächsten zwei diagonal. So entsteht eine schön gleichmäßige Schicht. Aufgrund des kaltabbindenden Mediums in der Farbe darf sich eine nasse Schicht bilden, Pfützenbildung ist aber zu vermeiden. Die Oberfläche sollte feucht erscheinen, aber nicht glänzen. Das ist schwer zu umschreiben und lässt sich am besten duch Versuch und Irrtum herausfinden. Wenn die Schmelzfarbe nach etwa einer Minute noch zu feucht ist, löst sie sich von der Schnittkante der Maske, so dass an dieser Stelle die Optik leidet. Mike sprüht von oben auf die liegenden Fliesen. Dabei hält er mit der Pistole einen Abstand zwischen 200 und 250 mm von der Oberfläche. Der Druck beträgt 2 bis 3 bar. Nach jeder Farbe wid die Pistole mit Wasser ausgewaschen.

Nach vier Schichten wird mit einem Gebläse die Trocknung der Farben beschleunigt und die Masken für den Brand entfernt. Je nach Trocknungsgrad verhält sich die Schmelzfarbe beim Abziehen der Masken verschieden. Wenn sie zu trocken ist, bröckelt der Rand, ist sie zu feucht, dann kann sie sich bewegen, ohne vom Rand der Folie aufgehalten zu werden. Am besten geschieht das Abziehen, wenn die Farbe nicht mehr nass ist, aber auch noch nicht trocken. Da die Schmelzfarbe in keiner Weise fixiert ist, führt die Berührung der Oberfläche zu Abdrücken. Wegen dieser Eigenschaft lässt sich die Farbe aber auch abkratzen, eine Technik, mit der Mike Oberflächenstrukturen und Schattierungen herstellt.

Je nach verwendeter Fliesenglasur werden die Fliesen nach jedem Auftrag einer Farbe zwischen 780 °C und 810 °C gebrannt. Dadurch soll bewirkt werden, dass die Farbe leicht in die glasierte Oberfläche hineinschmilzt, um nicht wie aufgesetzt zu wirken. Wenn man unglasierte, dichtgebrannte Fliesen mit Schmelzfarbe und Flussmittel besprüht und brennt, bleibt die Oberfläche so matt wie die der Fliese.

Dann werden die Fliesen wieder vorbereitet, und er wiederholt den Vorgang mit jeder Farbe. Mit jeder neuen Farbe wird der Rand der zuvor gebrannten Farbe leicht erhöht, was eine gute Orientierungshilfe beim Ausschneiden ergibt. So kann die Folie gut abdecken und es entstehen klar voneinander abgesetzte Farben. Mit der Hand gehaltene Pappmasken eignen sich gut für das Schattieren. Mike arbeitet auch mit Siebdruck direkt auf die Fliesen oder in Abziehbildtechnik, meist bei Buchstaben. Hierfür klebt er die Buchstaben mit Tesafilm auf das Sieb und bestreicht dieses mit einer Abdeckmasse. Dann wird das Band entfernt, und es erscheint das fertige Abbild der Buchstaben.

Das Abdeckmittel trocknet an der Luft und kann nach Gebrauch mit Lösungsmitteln entfernt werden, so dass sich das Sieb wieder verwenden lässt.

Jeff Cole (USA)

Jeff Cole begann mit dem Bemalen von Objekten mit Engoben, Oxiden, Glasuren und Farbkörpern und er experimentierte mit Wachs, Latexwachs und Papier. Mit der Zeit wurden seine Bilder immer detaillierter und komplexer, wobei die Tonoberfläche als Leinwand fungierte. Nachdem er anfangs hoch brannte, wurde ihm klar, dass sich farbintensive, komplexe Bilder nur im Niedrigtemperaturbereich und mit Airbrushtechnik verwirklichen lassen. Meist arbeitet er mit in Freiandtechnik mit dem Airbrush aufgetragenen Unterglasurfarben in Verbindung mit Abdeckungen aus Plastikfolie. Darüber hinaus benutzt er Papier, Alufolie, lose Fasern und gefundene Objekte sowie Architektenschablonen und verschieden breite Abdeckklebebänder sowie Kreppband für den Graphikkunstbedarf.

Die Ware ist beim Auftrag roh oder bei niedigen Temperaturen geschrüht, um das feuchte Airbrushmedium besser ansaugen zu können. Wichtig ist eine saubere, staub- und fettfreie Tonoberfläche, um zu vermeiden, dass die Farbschichten vom Objekt ablaufen. Womit er spritzt, ist ausführlich im Airbrush-Teil beschrieben.

Wenn er mit Airbrush arbeitet, fertigt er zunächst eine Strichzeichnung des Bildes an, und zwar mit einer feinen Zeichenfeder auf weißer Pappe oder auf Pauspapier, das über eine weiße Pappe gespannt wurde. Mit der Zeit fand er heraus, wie sich komplexe Formen in einfache Basisformen aufteilen lassen. Als erstes wird die Abdeckung für den Bildhintergrund ausgeschnitten. Dann arbeitet er sich zu den Bildteilen im Vordergrund hoch. Wenn die Formen festgelegt sind, wird mit dem Ausschneiden begonnen.

Mike verwendet ein transparentes, stabiles Kunststoffazetat, das von Wasser nicht beeinflusst wird. Erhältlich ist dieses in der Druckindustrie verwendete Material in Geschäften, die auch Siebe und andere Produkte für den Druck vertreiben. Beim Ausschneiden belässt er immer einen ausreichenden Rand um die ausgeschnittene Form, damit die Farbe nicht auf Bereiche gerät, wo sie nicht hingehört. Ein Bogen Azetat wird auf die Zeichnung gelegt und mit Klebeband gesichert. Dann werden die Formen so ausgeschnitten, dass Negative entstehen. Diese Formen werden auf dem Kunststoffstück zentriert und dienen zum Eindämmen der Farben. Die Maskenstücke weden mit unlöslichem Stift nummeriert, damit sie nicht durcheinander geraten und wieder verwendet werden können.

Beim Sprühen wird das Plastik mit der Hand festgehalten oder mit kleinen schweren Unterlegscheiben beschwert. Es werden mehrere dünne Schichten aufgetragen, wobei zwischendurch immer das Plastik abgewischt wird. Die Schichten lässt Mike vor jedem neuen Auftrag gut trocknen. Die Farben kann er, weil sie deckend sind, übereinander auftragen.

Das fertige Stück wid geschrüht, überglasiert und bei 1060 °C glattgebrannt.

Nan S. Smith (USA)

Nan S. Smith stellt sehr detailgenaue Skulpturen und Wandreliefs her, die sie aufwändig mit realistischen, in Airbrushtechnik akribisch aufgetragenen Darstellungen dekoriert. Sie ist sehr an der spirituellen Existenz »im Inneren« interessiert und bezieht daraus den Antrieb und die gestalterische Basis für ihre figürlichen Skulpturen, Standreliefs und Installationen, Metaphern für Aspekte der menschlichen Befindlichkeit. Die eher fühl- als sichtbare Sensibilität hierfür ist das Herzstück ihrer Arbeit. In einer bewussten Anstrengung stellt sie visuelle Informationen her und schafft eine ungewöhnliche Abfolge von symbolischen Abbildungen. Die Realität wird manipuliert, um ein Gefühl der Überraschung auszulösen. Ihre Bildsprache beruht größtenteils auf surrealen, traumhaften und imaginären visuellen Synthesen und merkwürdigen Gegenüberstellungen.

Nan baut ihre Stücke aus grobschamottiertem, niedrigbrennenden Skulpturton auf, einer fleischfarbenen Steingutmasse, die bei 1000 °C bis 1060 °C sintert. Das Schrühen geschieht im Elektroofen bei 930 °C.

Ihre Farben bezieht sie von den Farbherstellern Duncan, Amaco und Reward. Hierbei handelt es sich meist um Unter-

Jeff Cole (USA): Dosen, Durchmesser 45 cm. Airbrushdekor.

glasurfarben, die unglasiert eine matte Oberfläche ergeben, aber Nan benutzt eine Überglasur, um intensivere Farben zu erzielen. Dabei kommen glänzende Glasuren nicht zum Einsatz, weil reflektierende Oberflächen von den komplexen Formen ablenken würden. Handelsübliche Farben eignen sich hervorragend, denn sie lösen sich im Farbreservoir kaum aus der Suspension; man kann Streckmittel hinzufügen, um eine feinere, durchscheinendere Schicht zu erhalten. Vor dem Farbauftrag werden die Stücke mit Wasser aus der Spritzpistole angefeuchtet, damit die Farbe besser von der Oberfläche angenommen wird. Zunächst werden mit Duncan Cover Coats gleichmäßige Farbfelder aufgetragen und Bereiche übersprüht, die unsauber und schlecht definiert sind.

Als Abdeckmaterialien dienen ihr meist verschieden breite Klebebänder, Wachsemulsion und selbstklebende Schablonen. Auf geschrühtem Scherben haften Abklebeband und Formalinband hervorragend. Netzmuster, Streifen und klare rechte Winkel stellt sie mit Klebeband von der Rolle her. Mit Wachsemulsion werden Bereiche nach dem Auftrag von Glasuren und Farben abgedeckt. Diese Flächen werden stufenweise aufgebaut, wobei das Wachs die zuvor aufgetragene Fläche vor unerwünschten Farben und versehentlicher Berührung schützt.

Die Schablonen werden aus selbstklebendem Etikettpapier mit abziehbarer Rückseite ausgeschnitten, die es in DIN A 4 – Format zu kaufen gibt. Nan findet, dass sich Etikettpapier leichter schneiden lässt als andere Produkte, und da ihre Darstellungen komplex sind, werden die Schablonen natürlich auch komplex. Sie werden mit der Schere aus sorgsam geplanten Zeichnungen geschnitten. Die Darstellungen werden nach den verschiedenen Farben getrennt aufgeteilt, nicht anders als die Siebe beim Drucker. Wenn alle Schablonen ausgeschnitten sind, kann

Nan S. Smith (USA): »Illusions«, Höhe 80 cm. Airbrush und Spritzpistole.

mit dem Spritzen begonnen werden. Falls zusätzliche Masken benötigt werden, kann man sie später ausschneiden.

Die Skulpturen, Reliefs und Fliesen werden allesamt aufrecht gespritzt. Freistehende figürliche Skulpturen werden auf einen großen Drehtisch gestellt. Reliefs und Fliesen werden erhöht und gesichert, indem sie gegen eine vorher mit Schaumstoff gepolsterte Ränderscheibe gelehnt werden. Die Oberflächeninformationen werden ähnlich wie in der Malerei aufgebaut, wobei erst die hellen Farben aufgetragen werden und dann die dunklen. Die Pigmente werden verdünnt oder mit Duncan Thin ën Shade verlängert, so dass unterschiedlich tansparente Farben entstehen. Die Farbe der Oberfläche ändert sich im Brand so gut wie nicht. Sie wird normalerweise in dünnen Schichten aufgebracht, bis die gewünschte Intensität erreicht ist. Größere Flächen spritzt sie mit einer Kreisbewegung, denn so erhält sie eine gleichmäßigere Schicht. Beim Besprühen großer Flächen deckt sie die anderen Bereiche mit Klebeband und Papierhandtüchern ab.

Die Schablonen für die Trennung der Farben werden nummeriert, so dass sie nicht durcheinander geraten. Sie werden möglichst nah an die Oberfläche gebracht. Auf flachen Bereichen werden sie durch Abziehen der Rückseite und Aufkleben an der vorgesehenen Stelle fixiert, wäh-

Nan S. Smith(USA): »Guide«, Länge etwa 200 cm. Steingut, Airbrush. Foto: Allen Cheuvront Studios.

rend sie auf komplizierten Formen mit Klebeband gehalten werden. Nach dem Übersprühen einer Papierschablone wird diese trockengetupft, was sie länger haltbar macht und ein Aufrollen der Ränder verhindert. Nach dem Aufspritzen wird mehr Farbe von Hand aufgetragen. Abstufungen in Farbe und Helligkeit werden hergestellt, indem eine Hand eine Pappschablone vorhält und die andere die Pistole bewegt.

Wenn alle Pigmente aufgebracht sind, wird mit der Pistole und dem Pinsel glasiert, wobei der Pinsel gut mit Glasur getränkt ist, damit die Farben nicht daran haften bleiben. Mit verschiedenen Glasuren und Fritten wird die gewünschte Ober-

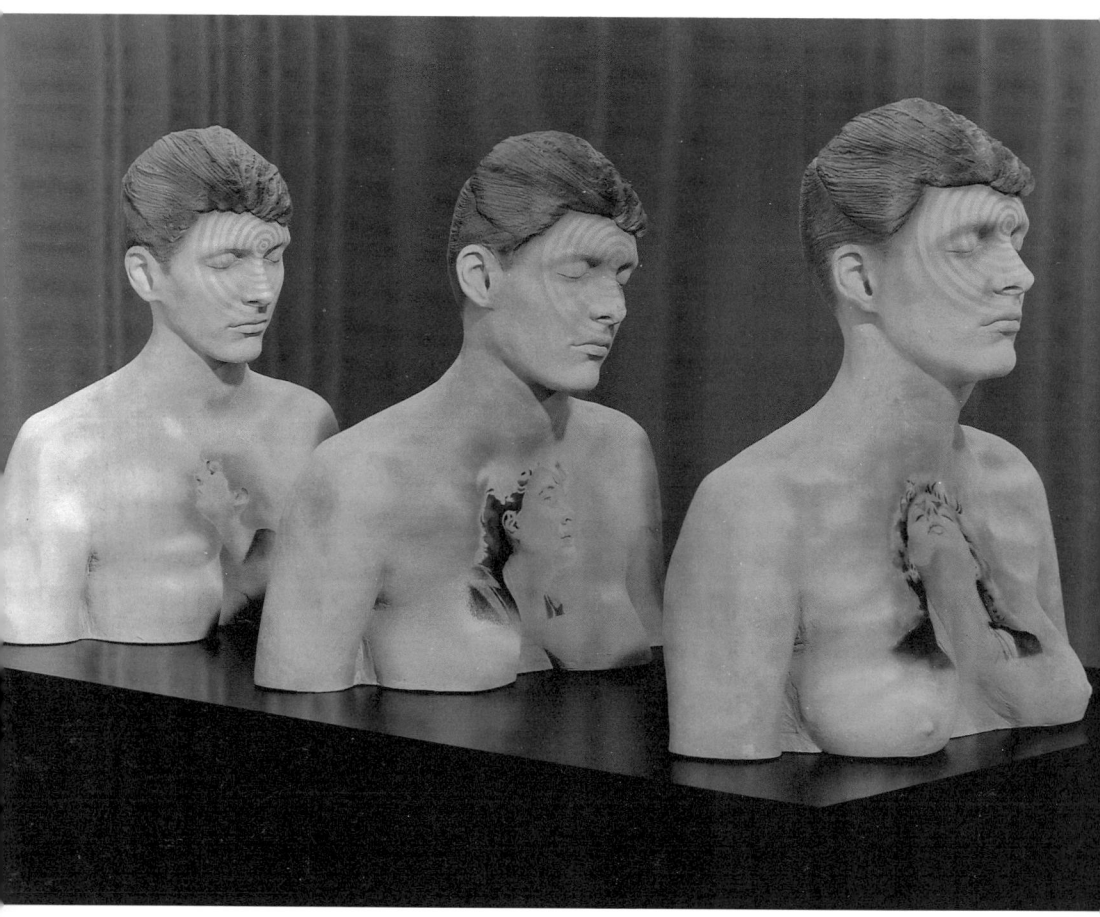

flächenbeschaffenheit hergestellt und die Stücke schließlich bei 1000 °C bis 1060 °C gebrannt.

Douglas Kenny (USA)

Douglas Kenny stellt große Platten mit bis zu 60 cm Durchmesser her, die über einer Gipsform geformt werden, nachdem die Oberfläche ausgiebig mit Strukturen und Farben verändert wurde.

Douglas rollt Tonplatten mit einer Stärke von etwa 10 mm aus und reibt die Oberfläche mit Mangandioxid oder schwarzer Engobe ein, worauf unterschiedlich dunkle Schichten aus Tonpulver aufgebracht werden. Dann werden einige Bereiche mit handelsüblichem Farbkörper behandelt und die ganze Platte umgedreht. Teile werden ausgeschnitten und mit Ton ersetzt, der zuvor durch Drücken auf Aschebausteine eine Struktur erhalten hat. Die Anschlussstellen werden mit Tonwürsten verfugt, um späteren Rissen vorzubeugen. Nun wird die ganze Platte durch einen Plattenroller gedreht und umgekehrt auf eine Gipsform gelegt, die auf einer Töpferscheibe zentriert ist. Die Rückseite wird mit einem Schwamm geglättet, ein Standring angebracht und die Platte anziehen gelassen. Nach dem Abnehmen von der Gipsform wird sie sehr langsam auf dem Rand liegend getrocknet (etwa drei Wochen lang), damit sie sich nicht verzieht. Nach dem Schrühbrand wird das Stück abgewaschen, um allen Staub zu entfernen, denn dieser könnte das Haften der Glasuren und der Masken erschweren, die als nächstes aufgetragen werden.

Mit Bleistift wird grob ein Dekor angelegt und große Flächen mit 50 mm breitem Abklebeband ausgespart, das breit genug ist, um zu verhindern, dass die Farbe sich auf die falschen Flächen legt. In den abgeklebten Bereich wird mit Duncan-Farben gespritzt. Douglas hat mit anderen Produkten experimentiert und fand heraus, dass die Cover Coats von Duncan nicht abgelöst werden, wenn später Abdeckklebeband darübergeklebt wird. Wenn die größeren Flächen fertig sind, werden kleinere Bereiche mit Latexwachs dekoriert, das wieder abgezogen werden kann, sowie mit kleinen Aufklebern, die in jeder Schreibwarenhandlung erhältlich sind. Andere geometrische Formen werden aus Abklebeband zugeschnitten.

Früher hat er auch mit Sieben aus dem Fotodruckbereich gearbeitet und durch die Siebe gesprüht, um eine Foto-Optik zu schaffen. Die Siebe wurden aus den Rahmen gelöst und ließen sich so der Form des Objekts anpassen. Am besten nimmt man hierfür ein möglichst großes Sieb und eine sehr kontrastreiche Darstellung.

Alte Schnellhefter aus Manilapapier geben gute Masken ab, denn sie wirken leicht absorbierend. Sie saugen die Unterglasurfarbe ein und lassen sich mehrfach verwenden, bevor sie zu feucht sind. Plastikschablonen werden zu schnell feucht, aber man kann sie abwaschen und immer

Douglas Kenny (USA): »Tellernetz«, Durchmesser 52 cm. Wachs, Klebebänder und Schablonen, aufgesprühte Pigmente. Steingut.
Foto: Eric Rippert.

*Douglas Kenny (USA): »Teller # MC9«,
Ausschnitt.*

kel ausspritzt. Dann verschiebt er die Blätter und übersprüht sie wieder, so dass er ein Dekor auch in verschiedenen Farben wiederholen kann, so oft er will.

Nach dem Auftrag von fünf bis sechs Schichten Unterglasurfarbe werden andere Bereiche mit Klebeband abgedeckt und eine Schrumpfglasur mit Oxid- oder Farbkörperzusatz aufgetragen. Zum Schluss wird eine handelsübliche Transparentglasur aufgetragen, nicht ohne einige Bereiche abzudecken, um nach dem Brand verschiedene Oberflächenstrukturen zu erhalten.

Aufgrund ihrer Größe wird die Platte dann sehr langsam bis 1000 °C gebrannt. Nach dem Brand wird sie mit schwarzer indischer Tinte abgerieben, um die Stuktur und die Risse hervorzuheben. Gelegentlich wird auch Gold aufgelegt, um bestimmte Stellen zu betonen.

Douglas arbeitet wie ein Maler mit der Leinwand und die Anordnung der geometrischen Dekore ist dabei sehr wichtig. Bei der Herstellung der komplexen Schichten vergehen viele Stunden bis zum Endprodukt. Außerdem stellt er Skulpturen her, die er in der gleichen Weise behandelt, aber in der Brennkapsel zusammen mit Salzen brennt, welche verschiedene Färbungen bewirken.

Sasha Wardell (GB/Frankreich)

Sasha Wardell gießt ihre Formen mit Porzellan, brennt sie dicht und sprüht dann mit Unterglasurfarben geometrische Muster auf. Illustrative Malerei, Architekturelemente und Stoffmuster beeinflussen ihre Arbeit ebenso wie im keramischen Bereich die Künstlerinnen Elisabeth Fritsch, Jacqueline Poncelet und Eileen Nesbit. Die gegossenen Formen werden bei 1000 °C gehärtet, dann glattgeschmirgelt und bei 1260 °C dichtgebrannt. Die auszusparenden Flächen werden mit Abklebeband verdeckt. Die Dekoration besteht aus bis zu vier Schichten planlos ab-

wieder verwenden. Auch Entwurfsschablonen aus Kunststoff und andere geometrische Objekte wie etwa Klebebandrollen für Kreise können Anwendung finden. Mit gefundenen Objekten hat man das Problem, dass sie im Normalfall nicht biegsam genug sind, so dass Farbe unter die Kanten gelangen kann, was die Kante verwischt, aber sie eignen sich gut als Untergrund, auf dem präzisere Darstellungen mit Abklebeband angelegt werden können. Ihr Vorteil ist ihr unkomplizierter Umgang. Manschmal wendet Douglas beim Spritzen eine einfache Abdecktechnik an, bei der er zwei Blatt Papier aufeinander legt und den entstehenden Win-

gerissener Klebestreifen. Alternativ kann man filigrane Muster direkt auf der Oberfläche aus dem Klebeband herausschneiden. Das Schneiden schadet der Oberfläche nicht, obwohl die Wandung extrem dünn ist, weil das Material glattgebrannt ist. Sowohl geschnittenes als auch gerissenes Abklebeband kommt zum Einsatz.

Wichtig ist, dass das Band nicht zu heiß wird. Wenn es nämlich in der Sonne oder in einem überhitzten Atelier aufgetragen wird, erweicht der Klebstoff und könnte beim Abziehen des Streifens auf der Oberfläche haften bleiben. Daher findet das Abdecken und das Spritzen am gleichen Tag statt und das Abdeckband legt Sasha vor dem Gebrauch eine Weile in den Kühlschrank. So können an einem Tag nur einige wenige Stücke dekoriert werden.

Sasha Wardell (GB/Frankreich): Gegossene Gefäße. Airbrush, Muster durch mehrere Schichten Abklebeband und matte Farbglasuren.

Mit dem Airbrush werden handelsübliche Farben und Glasuren in einem Verhältnis Farbe/Glasur von 1:3 aufgetragen. Die Farben lassen sich untereinander zu neuen Farben vermischen und mit Weiß werden andere Töne erzielt. Die Bestandteile werden etwa 10 Minuten gemörsert und dann zwei- bis dreimal durch ein Sieb mit 200 Maschen pro cm^2 gestrichen, um die für das Sprayen erforderliche gleichmäßige Konsistenz zu erreichen.

Beim Arbeiten mit Airbrush ist die sorgfältige Vorbereitung der Farbe entscheidend für gute Resultate. Andernfalls wird der Airbrush zu einem äußerst temperamentvollen Instrument.

Weil Sashas Objekte gesintert sind und kein Wasser aufsaugen, darf die Farbe auf keinen Fall zu dünn sein, sonst läuft sie ab. Ist sie zu dick, besteht die Gefahr, dass die Pistole verstopft oder spratzt. Da keramische Materialien eine hohe abschleifende Wirkung haben, muss die Pistole immer peinlich gesäubert und Düsen und Nadeln wenn nötig ersetzt werden.

Dann werden die Farben in einer bestimmten Reihenfolge aufgetragen, wobei mit dem Hintergrund – meist die dunkelste Farbe – begonnen wird. Dann wird eine Schicht Masken entfernt, die nächste Farbe appliziert, wieder Masken entfernt usw., bis das ganze Dekor vollendet ist. Die Farben werden zwar übereinander gesprüht, aber wenn man weiß, wie sie einander verändern, kann man die Wirkung abschätzen und beispielsweise Gelb über Blau auftragen, wenn Grün entstehen soll. Das Dekor ist, weil nicht nach jeder Farbe gebrannt wird, sehr empfindlich und darf nicht berührt werden.

Nachdem alle Masken abgenommen sind, werden die Flächen ohne Farbe sorgfältig mit Aceton gereinigt, um eventuelle Kleberreste zu entfernen, die Farbe angenommen haben könnten. Auch der Kleber selbst kann einen unschönen Fleck hinterlassen. Um die Farben nicht zu beschädigen, nimmt Sasha für diese Feinarbeit einen Wattebausch. Manchmal wird die aufgesprühte Oberfläche teilweise wieder abgewischt, was zu einer Marmoroptik führt. Diese Wirkung entdeckte Sasha zufällig, als sie einmal einen Farbfehler abwaschen wollte. Die Entstehung dieser Wirkung ist nicht leicht zu steuern, es kommt auf den Wasserfluss an. Am besten lässt man es langsam laufen. Nach der Fertigstellung werden die Stücke bei 1120 °C gebrannt und dann mit Nass- und Trockenschleifpapier geglättet, so dass sie dezent glänzen.

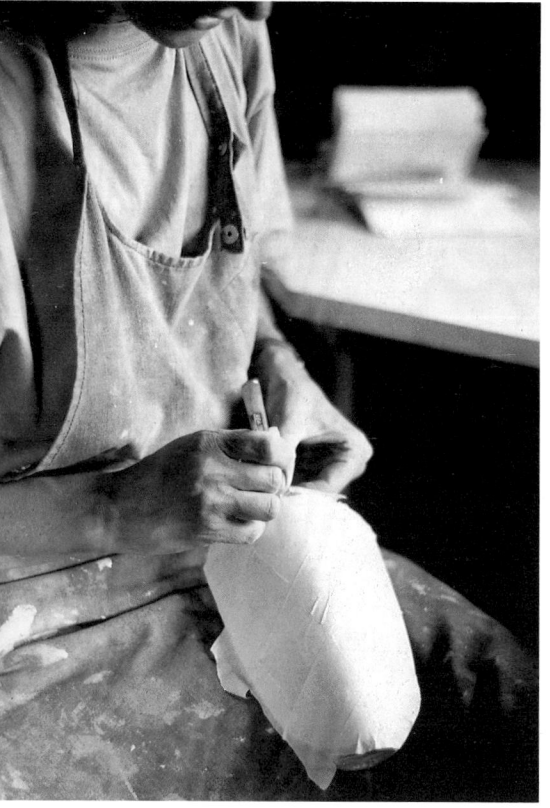

Sasha Wardell beim Zuschneiden von Klebeband auf dem Objekt vor dem Farbauftrag.
Foto: Nicole Creston.

Unten:
Sasha Warrdell (GB/Frankreich): Teeservice. Airbrush, Muster durch mehrere Schichten Klebeband und matte Farbglasuren.

6. Papier, Klebeband und Folien

Auch wenn alle flüssigen und ausgeschnittenen Abdeckmaterialien in jeder Entwicklungsstufe des Objekts angewandt werden können, so sind einige Methoden doch für eine Obefläche besser geeignet als andere und Ausnahmen bestätigen bekanntlich die Regel. Generell aber lohnt sich der Einsatz von Papier, Klebeband und Folien beim Bedecken großer Flächen mehr als Wachse auf Wasserbasis oder Latexe, die mehr kosten. Außerdem lassen sich Masken aus Papier, Klebeband und Folie vor dem Anbringen zuschneiden oder auf dem Scherben. Dadurch werden sie zu einem vielseitigen Werkzeug beim Abdecken und Aussparen.

Papier

Ich will Papier einmal als nichtplastisches Material bezeichnen, das von selbst nicht haftet. Es gibt aber auch Papier mit selbstklebender Rückseite, aber die behandle ich im Abschnitt über Klebebänder.

Papier eignet sich so ideal zum Maskieren, dass es sich in unzähligen Methoden schneiden oder reißen lässt. Mit allen Papierarten lohnen sich Experimente. Jedenfalls ist die Fähigkeit zur Wasserabsorption von Vorteil, weil feuchtes Papier besser auf Oberflächen haftet. Je weniger Wasser ein Papier aufsaugen kann, desto schlechter lässt es sich verwenden. Im feuchten Zustand ist es zudem formbar und kann besser einer geschwungenen Oberfläche angepasst werden.

Von Bedeutung bei der Wahl des Papiers ist auch das darüber aufzutragende Material, denn eine dicke Schicht erfordert auch ein starkes Papier, das sich abziehen lässt, ohne zu reißen. Je mehr die Schicht trocknet, desto härter wird sie aufgrund des entzogenen Wassers und desto schwieriger wird das Abziehen der Maske. Auch sollte man nicht vergessen, dass feuchtes Papier weniger fest ist als trockenes. Daher sollte man sich beim Abdecken danach richten, wie fest das Papier im feuchten Zustand ist.

Für den Anfang ist Zeitungspapier ideal. Es ist leicht erhältlich, lässt sich gut schneiden und ist im feuchten Zustand formbar. Nicht vergessen: Zeitungspapier hat eine Faserrichtung, und beim Schneiden feiner Streifen muss an dieser entlang geschnitten werden, sonst reißen die Fasern beim Gebrauch, besonders nachdem die auszusparende Farbschicht aufgetragen wurde. Die Faserrichtung ist schnell ermittelt, indem man ein Blatt durchreißt. Entlang der Faserrichtung entsteht ein gerader Riss, gegen die Faser schweift der Riss ab und ist unkontrollierbar. Unbedrucktes Zeitungspapier gibt es im gutsortierten Künstlerbedarf, wenn komplizierte Dekore gezeichnet werden müssen, wobei die gedruckten Buchstaben nur stören würden. Wenn Sie lange Streifen benötigen, fixieren Sie den Bogen mit Klebeband auf ein Brett und schneiden Sie mit Messer und Lineal.

Am vielseitigsten ist ein Papier mit einer matten und einer glänzenden Oberfläche. Bei Floristen und Metzgern wird diese Art benutzt. Die Vielseitigkeit verdankt das Papier der Tatsache, dass die matte Seite angefeuchtet werden kann, so dass sie am Objekt haftet, während die

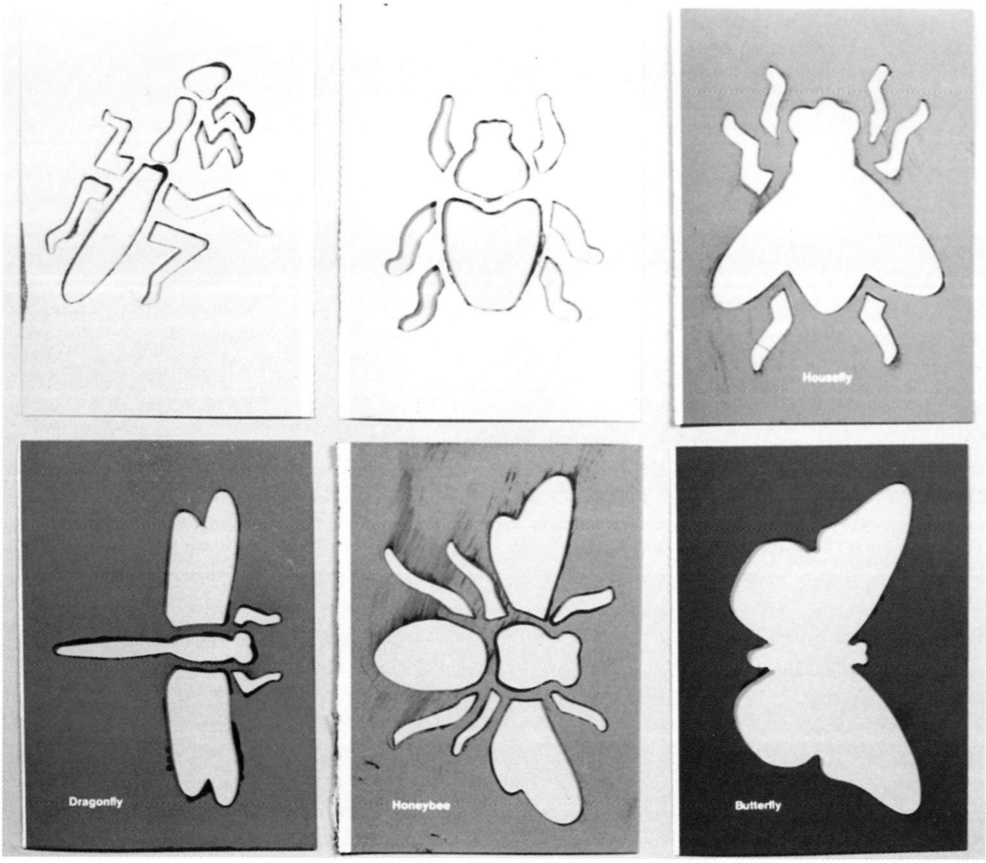

Handelsübliche Papierschablonen, in Buchform gebrauchsfertig, nach Themen geordnet.

Rechts
Diese Bilder entstehen.

glatte Seite für Stabilität sorgt. Da es dicker ist als Zeitungspapier, kann man es auch nicht ganz so gut an Konturen anpassen; bei stärkeren Schwüngen müssen Einschnitte gemacht werden, ähnlich den Abnähern, mit denen ein Kleidungsstück in eine Form gebracht wird. Mit der matten Seite nach unten wird das Papier aufgelegt.

Gerissenes Papier erzeugt eine angenehm rauhe Kante, die bei der Verwendung als Maske gut zur Geltung kommt. Wenn die Schicht, die auf das Papier aufgetragen wird, sehr dick ist, bedeckt sie manchmal die Oberfläche so gründlich, dass man nicht mehr sieht, wo die Maske liegt. Dies geschieht auch oft mit Zeitungspapier, weil die Feuchtigkeit in der

66

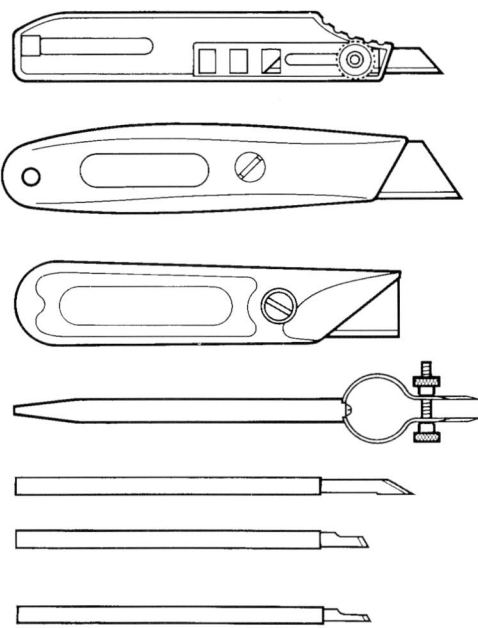

Verschiedene Messer für den Zuschnitt von Masken. Vierter von oben der »Griffhold Dual Cutter«. Mit Genehmigung von Griffin Manufacturing Co., Inc. (USA).

Engobe/Glasur durch das Papier genauso stark absorbiert wird wie von den unbedeckten Tonflächen. Da das Papier dünn ist, ist der Umriss nicht immer als Kante erkennbar. Glattes Papier zieht weniger Flüssigkeit an, deshalb bildet sich auf ihm keine Farbschicht, so dass es gut zu erkennen und zu entfernen ist. Wenn man mit dieser Art Papier vorsichtig verfährt, kann man es abwaschen und mehrfach verwenden.

Papier eignet sich auf allen Feuchtigkeitsstufen des ungebrannten Tons und auf geschrühtem Scherben, wenn die Oberfläche feucht oder rauh ist wie etwa beim Bedecken dieser Masken mit Engobe. Bei geschrühter Oberfläche darf nicht vergessen weden, dass der Scherben dem Papier Wasser entzieht, wodurch es seine Haftung verliert und beginnt, von der Oberfläche abzublättern und abzurollen. Deswegen befeuchtet man den Scherben

gerade so sehr, dass das Papier nicht abgeht und die nächste Schicht aushärten kann, ohne zu laufen. Einfache, grobe Dekore eignen sich am besten. Eine bessere Alternative auf geschrühter Oberfläche ist oft Klebeband. Wenn Staub das Haften der Maske behindert, ist Wachs vielleicht die Lösung. Bei der Arbeit auf flachen Oberflächen muss das Papier unter Umständen gar nicht angefeuchtet werden, sondern man kann es auch mit einem Finger festhalten und die nächste Schicht mit dem Pinsel auftragen. In diesem Fall achten Sie aber darauf, so am Dekor entlang zu fahren, dass der Pinsel nicht die Papierkante anhebt.

Wenn Sie alle Dekore ausgeschnitten haben, weichen Sie das Papier in klarem Wasser ein, bis es ganz durchgefeuchtet ist. Dann legen Sie es auf einen trockenen Lappen oder ein Handtuch, um das überschüssige Wasser zu entfenen, und bringen Sie die Maske an. Zuviel Wasser könnte ablaufen und das kann Probleme bereiten. Das Papier vorsichtig an Ort und Stelle legen und sachte mit einem Naturschwamm in Position drücken. Das geht auch mit den Fingen, aber sie üben manchmal zu viel Druck aus. Ein Schwamm ist da sanfter. Achten Sie darauf, die Kanten zu glätten, damit Engobe, Glasur oder Pigment nicht unter die Maske laufen. Filigranere Dekore taucht man besser nicht so lange ein wie stabilere, denn je feuchter das Papier ist und je länger es feucht bleibt, desto empfindlicher wird es.

Tauchen, Schütten, Pinseln und Spritzen sind allesamt Auftragstechniken, die mit Papiermasken und mit allen Masken kombinierbar sind, die vor dem Brand abgenommen werden, um unerwünschte Engoben usw. zu entfernen. Beim Spritzen ist Vorsicht geboten, denn ein zu hoher Luftdruck oder zu geringer Abstand der Pistole könnte die Papierränder anheben. Vorsicht auch bei Glasuroxiden oder Schmelzfarben, wenn die Maske abgenommen wird: Von der Maskenoberfläche könnten Glasurpartikel auf die falschen Stellen fallen. Auch mit Staub, der bei trockenen Glasuren entsteht, muss man aufpassen, dass man ihn nicht einatmet. Bei Engoben nimmt man normalerweise die Maske ab, sobald die Oberfläche nicht mehr glänzt. In diesem Zustand kann die Engobe nicht mehr laufen, ist aber noch weich genug, dass sich die Maske entfernen lässt, ohne dass die Engobe am Dekorrand abblättert. Dieses Problem kommt auch mit Glasuren vor, wenn die Schicht zu stark getrocknet oder zu dick ist. Die Engobe auf der Maske ist noch feuchter und blättert normalerweise nicht ab. Auch glasurbedeckte Masken sollte man so bald wie möglich abnehmen. Bei dünnen Oxidoder Schmelzfarbenschichten ist der Zeitpunkt des Entfernens weniger wichtig. Mit einer Nadel und einer Pinzette wird erst der Rand des Papiers angehoben, bis man es mit den Fingern greifen kann. Beim Entfernen von Masken etwa aus dem Innenbereich von Schüsseln hält man diese am besten gekippt, damit das beim Entfernen der Maske abfallende Material keine anderen Flächen kontaminiert.

Experimentieren Sie mit verschiedenen Papierarten, um herauszufinden, was ideal für Sie ist. Was dem einen recht ist, muss dem anderen nicht billig sein. Wenn Sie die gleiche Form mehrfach verwenden, z. B. Streifen, dann schneiden Sie sich immer ein paar auf Reserve, denn nie bleiben beim Auftrag alle heil. Das Schneiden geschieht am besten im trockenen Zustand, dann folgen die Arbeitsgänge Aufsetzen und Engobieren im feuchten Zustand. Wenn alle Arbeitsschritte vorbereitet sind, kann man flüssiger und mit besseren Ergebnissen arbeiten.

Wiederverwendbare Pappschablonen mit verschiedenen Formen und Themen sind in Buchform erhältlich. Sie sind sehr nützlich im Unterricht, denn man spart das Ausschneiden einer Masse von Bögen. Wer die Technik hierbei einmal erlernt hat, kann sich eigenen Formen zuwenden.

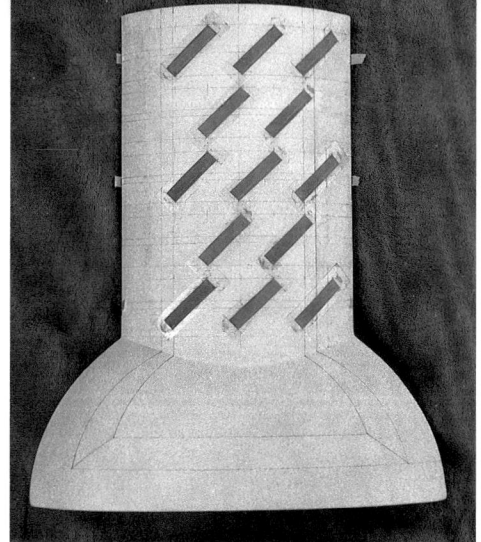

Dekor wird auf der Form vorgezeichnet, ebenso Hilfslinien für das Platzieren der Schablonen. Dies geschieht mit Bleistift, der ausbrennt. Die erste Lage Schablonen wird aufgelegt und eine schwarzglänzende Glasur wird aufgepinselt. Ob gepinselt wird oder gespritzt, hängt von den verwendeten Pigmenten/Glasuren ab. Hier besteht die Maske aus klarer Plastikfolie zum Beziehen von Büchern.

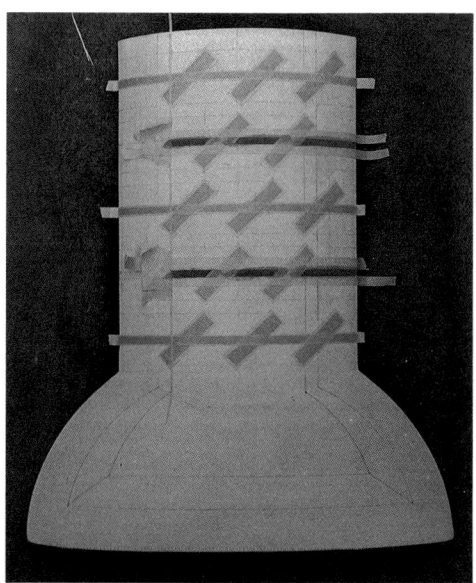

Schablone abgenommen und Schutzfolien angebracht. Nächste Lage Schablonen (waagerechte Streifen) wird positioniert, Glasur aufgetragen, Schablone entfernt und bedeckt. Diesmal ist die Glasur eine schwarze Grundierung.

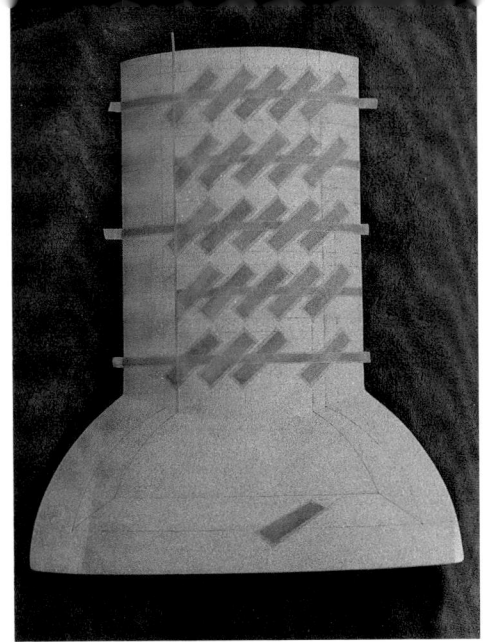

Die zweite Lage rechteckiger schwarzer Glanz-schablonen wird aufgelegt und übermalt, so dass das Gitter komplett ist. Es soll am Ende auf der Vorderseite des Stückes »schweben«. Das schwarze Rechteck im Vordergrund ist aus dem Gitter gefallen und liegt ausgerechnet auf der imaginären Kante.

Schablonen werden abgenommen und zum Schutz bedeckt.

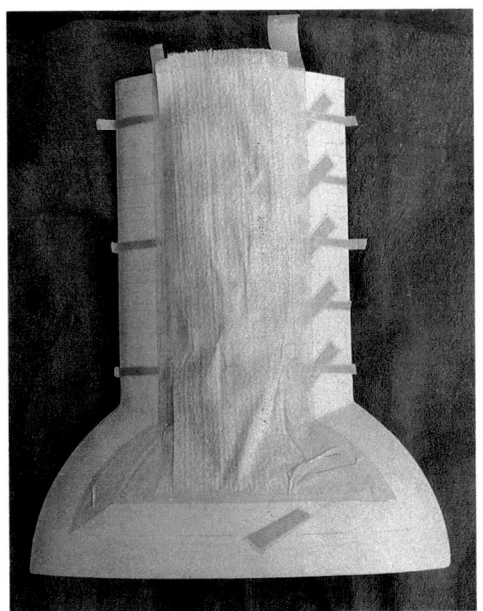

Der nächste Schritt ist das Abdecken des Mittel-bereichs mit Toilettenpapier als Vorbereitung für…

…das Auftragen der Abdeckflüssigkeit aus Öl-pastell. Hierdurch wird der Sichtebenenwechsel innerhalb des »unmöglichen Rahmens« betont, der auf der Zentralperspektive beruht.

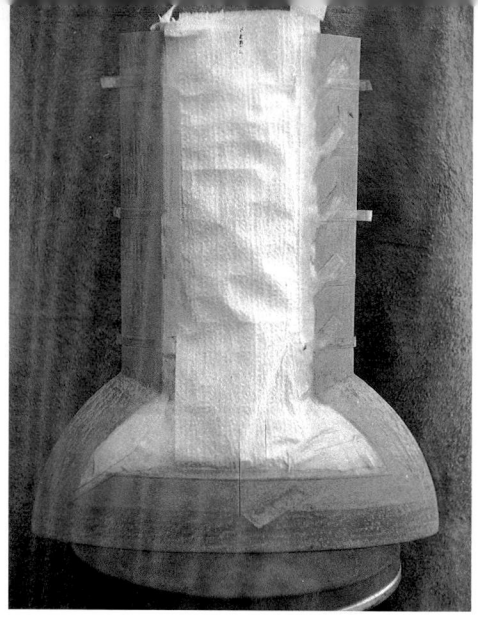

Der Bereich wird mit dem Airbrush mit einer Eisenoxidmischung bedeckt, um Variationen des Pastellauftrags hervorzuheben. Dadurch werden die warmen Pastelltöne aufgewertet und das »Hervorstehen« dieses Bereichs aus dem Gesamtbild wird betont.

Masken abgenommen und Seitenflächen des »Rahmens« mit schwarzer Grundierungsglasur versehen.

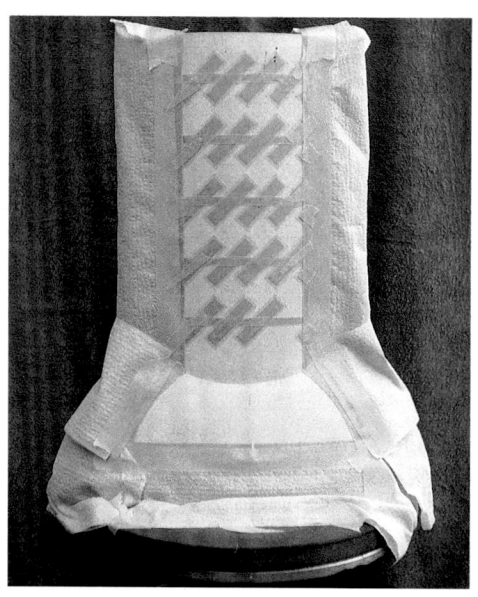

Am Ende werden alle Masken und Schablonen abgezogen.

Der »unmögliche Rahmen« wird dann abgedeckt, um Übersprühen zu verhindern. Als nächstes wird mit Airbrush leuchtendes Kupferblau aufgetragen. Dadurch wirken die gerahmten schwarzen Rechtecke vordergründig, sie scheinen sich aber auch in den Hintergrund zu orientieren.

Rechts
Gary Bish (Australien): Trichtergefäß (Serie 2), Höhe 36 cm, Vollguss, 1280 °C reduzierend, verschiedene Schablonen, Wachsabdeckung und Airbrushdekor.

Das fertige Stück vor dem Brand.

Unten
Studioaufnahme und fertiges Stück (Gary Bish bei der Arbeit).

Klebeband

Klebeband verwendet man im Allgemeinen auf gebrannter Glasur oder Schrühware, weil es auf einer feuchten oder pulverigen Oberfläche nicht hält. Wie Papier wurde auch Klebeband ursprünglich nicht für den Keramikbereich entwickelt, und es ist eine Vielzahl von Arten erhältlich. Gemeinsam ist allen Arten (ob aus Papier oder – öfter – aus Plastik), dass sie auf einer keramischen Oberfläche haften und sich nachher problemlos abziehen lassen. Wenn der Klebstoff zu stark ist und sich die Maske nur unter Schwierigkeiten abziehen lässt, versuchen Sie es mit einem anderen Band, denn wichtig ist nur, dass sie gut kleben, und einfaches Abnehmen erleichtert die Arbeit. Wenn Klebstoff zurückbleibt, brennt er aus, aber manchmal hinterlässt er einen häßlichen Fleck. Reste lassen sich leicht mit Lösungsmitteln wie Nagellackentferner oder Zelluloseverdünner entfernen. Bei empfindlichen Arbeiten benutzen Sie Wattebäusche. Mit dem Kleber und dem Papier von Abklebeband lassen sich auch besonders im Schmauchbrand erstaunliche Farbeffekte erzielen (siehe Abschnitt über Jane Perryman, S. 87).

Da die Bänder kleben, kann Farbe schlecht unter den Rand laufen, und weil es fester ist als Papier, reißt es beim Abziehen selten. Plastikband lässt sich gut Formen anpassen, ziehen und bewegen, nur wenn es zu breit ist, kann es zu Faltenbildung kommen, die sich jedoch vermeiden lässt, wenn man diese aufschneidet und überlappt. Mit ein wenig Erwämung lassen sich Plastikbänder erheblich leichter biegen und formen. Hier ist ein Fön von Nutzen, aber wenn er den Klebstoff zu sehr erweicht, kann dieser beim Abziehen der Maske zurückbleiben.

Elektriker, Fliesenleger, Dekorateure, Grafikdesigner und Bauarbeiter – alle haben ein eigenes, bedürfnisgerechtes Klebeband. Halten Sie die Augen offen und

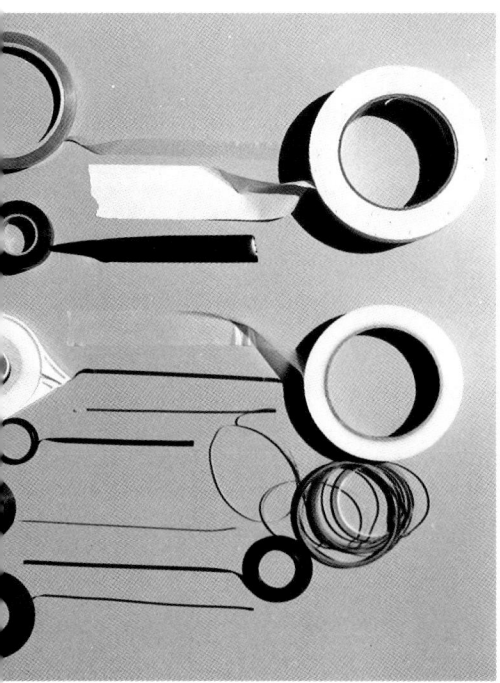

Verschiedene handelsübliche Klebebänder. Es gibt noch viele andere Arten. Von oben nach unten: Tesafilm, Abdeckband, Isolierband, »unsichtbares« transparentes Tape, Streifen für Autoverzierungen, das gleiche, dann alle Spalttapes aus der Elektronikindustrie.

fragen Sie Freunde, Sie werden erstaunt sein, wie viele Arten es gibt. Im Handel mit Grafik- und Bürobedarf bekommt man alle Breiten, die schmalsten Bänder liefert die Elektronikindustrie.

Die Vielseitigkeit der Klebebänder beruht auf der Tatsache, dass man sie auflegen, abnehmen und wieder auflegen kann, um sie genau an ihrem Platz zu haben. Sie lassen sich für größere Flächen überlappen, man kann sie auf dem Stück zuschneiden, sie folgen den Konturen und eignen sich für feinste Details. Wenn Klebebänder geschnitten werden müssen, klebt man sie auf Glas oder glatten Kunststoff. Dann kann man sie zuschneiden,

abziehen und ohne Klebkraftverlust aufbringen. Am besten eignet sich hier Glas, da es im Gegensatz zum Kunststoff vom Messer nicht geritzt wird.

Das eine Tape klebt stärker, das andere lässt sich weiter dehnen. Für wenig Geld bekommt man eine Vielzahl von Arten zum lockeren Experimentieren. Am weitesten verbreitet ist Abklebeband, das es in Breiten von 18 bis 50 mm im Bürobedarfshandel gibt. Die Erfahrung zeigt allerdings, dass Breiten, die jenseits von 18 bis 25 mm liegen, bestellt werden müssen; es sei denn, Sie begeben sich in ein Fachgeschäft für Grafikbedarf. Abklebeband lässt sich schneiden, reißen, dehnen. Es haftet auch gut, aber auf ungebrannten Farbschichten würde es unweigerlich Schaden anrichten. Auf jeden Fall ist Vorsicht geboten. Der Gebrauch wird im späteren Verlauf beschrieben. Normalerweise werden Masken vor dem Brand entfernt. Das ist aber nicht zwangsweise nötig. Jeder muss bei der Auswahl der Verfahren und Materialien von dem ausgehen, was er erreichen will.

Haftpapier

Papierbögen mit klebender Rückseite werden als Etikettpapier in A4 oder kleiner verkauft. Es lässt sich mit Messer und Schere nach Bedarf zuschneiden und man kann auf ihm zeichnen wie auf Papiermasken. Haftpapier lohnt sich nur wirklich für großflächige Dekore, die in einem Arbeitsgang aufgezeichnet werden müssen.

Sehr nützlich sind die Aufkleber von Kreis bis zu Dreieck und Stern, die zum Dekorieren und Beschriften zu Hause oder im Büro genommen werden. Es gibt sie in allen möglichen Farben von Weiß bis Leuchtend, aber uns interessieren hier nur ihr Haftverhalten und ihre Form. Sticker für Kinder in der Form von Comic-Helden und Tieren werden auch immer gerne genommen. Wenn man sich nur umschaut, findet man sie überall.

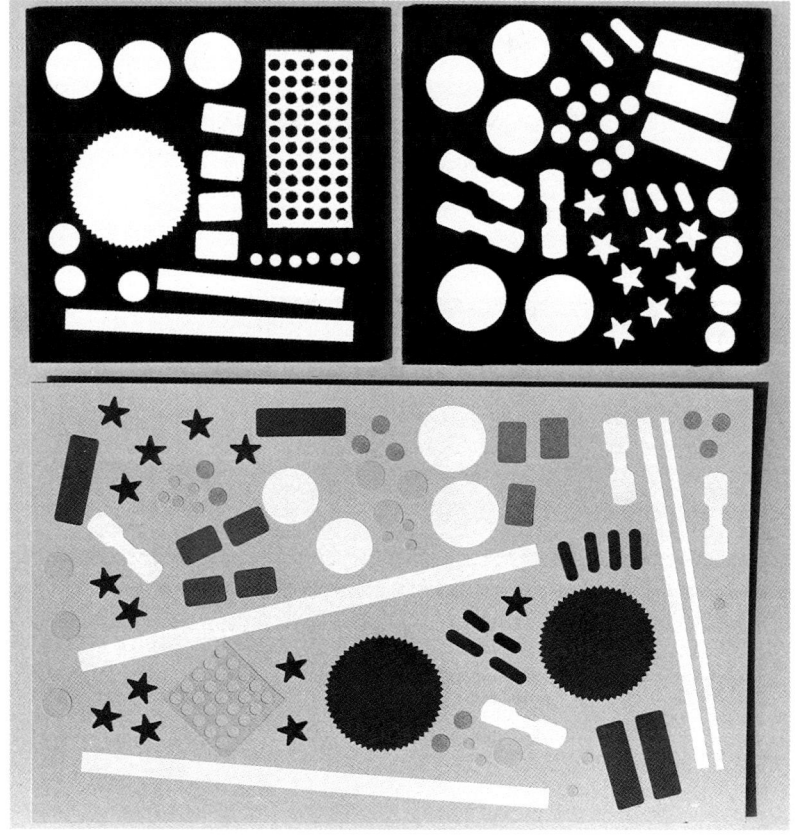

Aufkleber aus dem Schreib- bedarf gibt es in vielen Formen, hier nur eine Auswahl sowie die Formen, die sie beim Abdecken hin- terlassen.

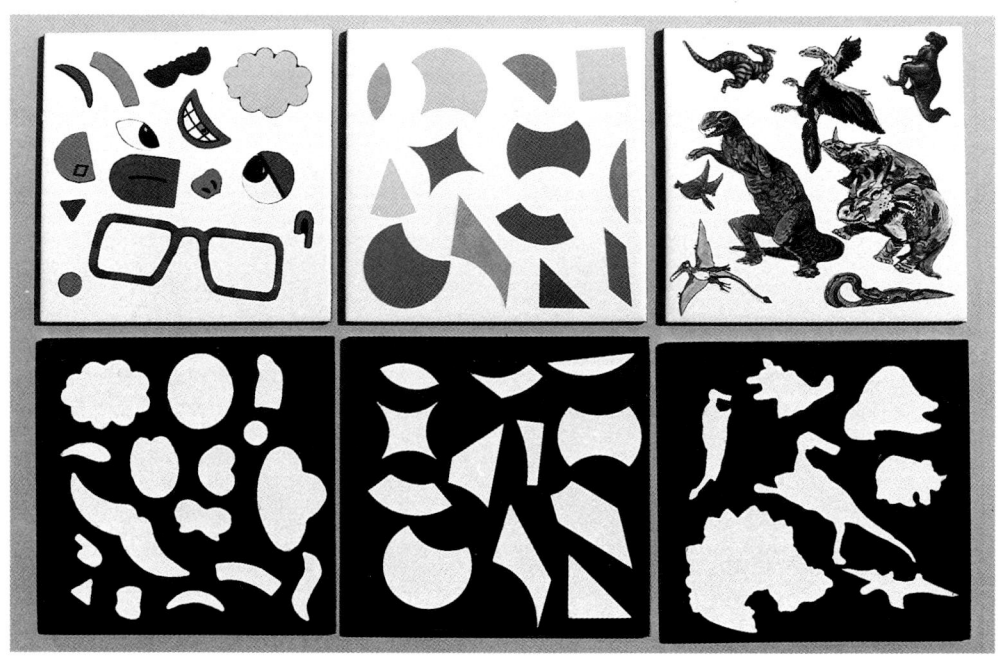

Überall erhältliche Kindersticker und ihre Abbilder.

74

Klebefolie

Diese Kunststofffolien gibt es als lange Rollen und je nach Zweck in den verschiedensten Stärken. Spezialfolie für die Grafikindustie, die beim Auftrag von Farben mit Airbrush verwendet wird, gibt es im gutsortierten Bürobedarfshandel. Man kann sie auch für Keramik verwenden, dann aber mit Keramikfarben. Auch die Folien, mit denen in der Schilderherstellung Flächen für Farben auf Ölbasis abgedeckt werden, lassen sich für Keramikfarben problemlos verwenden. Auch im Siebdruckbereich gibt es jede Menge Folien, und der Haushaltswarenladen um die Ecke führt bestimmt auch das selbstklebende Plastik in Holzmaserungsoptik, mit dem alte Tische usw. bezogen werden. Alle diese Folien eignen sich zum Abdecken.

Sie lassen sich gut mit einem scharfen Messer oder einer Schere zuschneiden und sie haften auf glasierten wie auf geschrühten Oberflächen. Testen Sie vor Gebrauch den Kleber. Bei manchen Folien beginnt der Kleber nach 24 Stunden abzubinden, also muss alle Arbeit vor dem Abbinden fertig sein, sonst bleibt die Folie haften und lässt sich nur noch wegbrennen.

Papier, Tapes und Folien eignen sich am besten für glatte Oberflächen, wenn klare, saubere Linien gefragt sind. Auf rauhen Oberflächen lässt sich der Rand schlecht zum Haften bringen, damit keine Farbe unter die Maske läuft. Auf stark strukturierten Oberflächen arbeiten Sie besser mit einer Abdeckflüssigkeit. Alle Abdecktechniken lassen sich miteinander verbinden, und für jeden gibt es die passende Kombination (siehe Mike Head, S. 54).

Josie Walter (GB): Fischplatte. Papierabdeckung und Engobedekor.

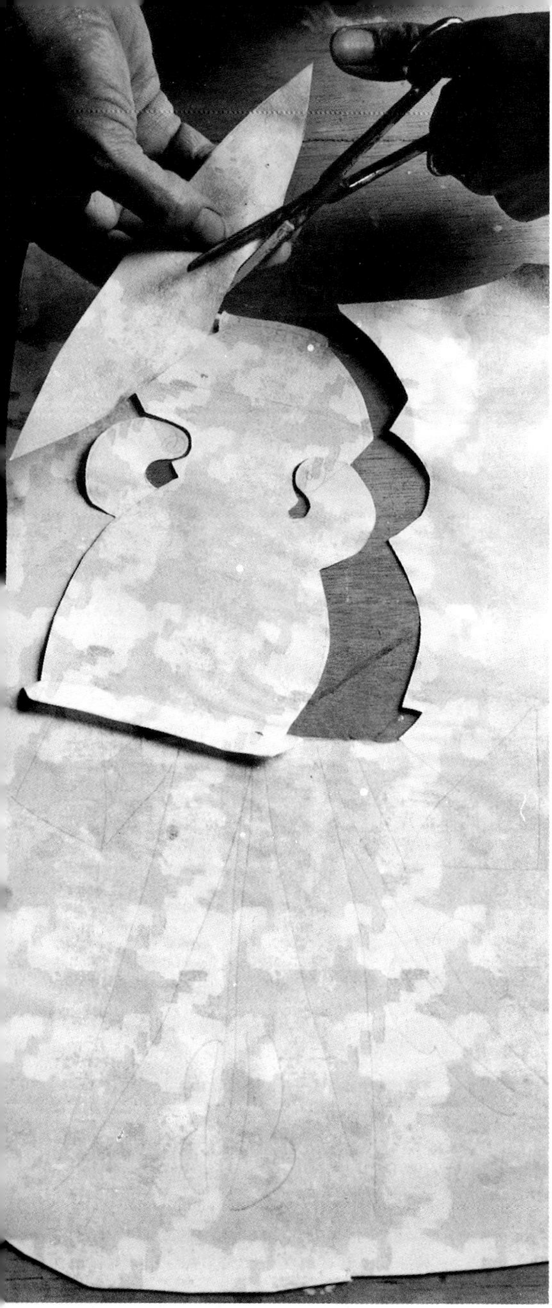

b) Positionierung der Schablone vor dem endgültigen Aufbringen durch Anfeuchten.

a) Josie Walter bei der Arbeit an einem mehrfarbigen Engobedekor mit Papierabdeckung. a) Ausschneiden der Schablone von Zeichnungen auf Floristenpapier.

c) Blätter und Blumen angefeuchtet in Position vor dem Auftragen der Engobe.

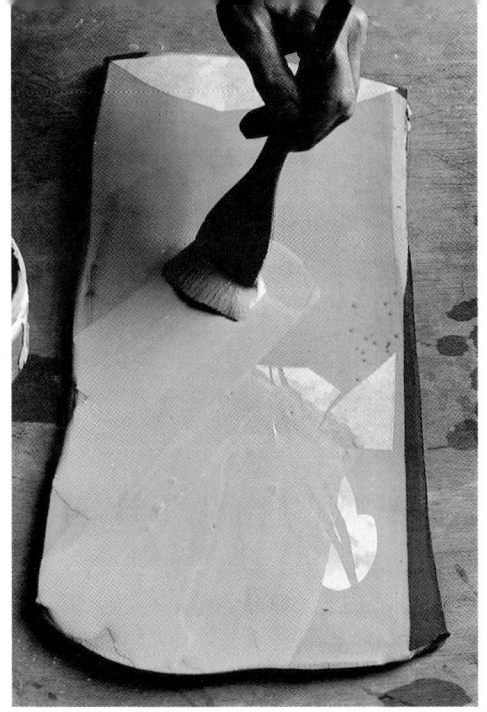

d) Auftrag der Engobe.

e) Positionierung der Masken für Vase und Fenster.

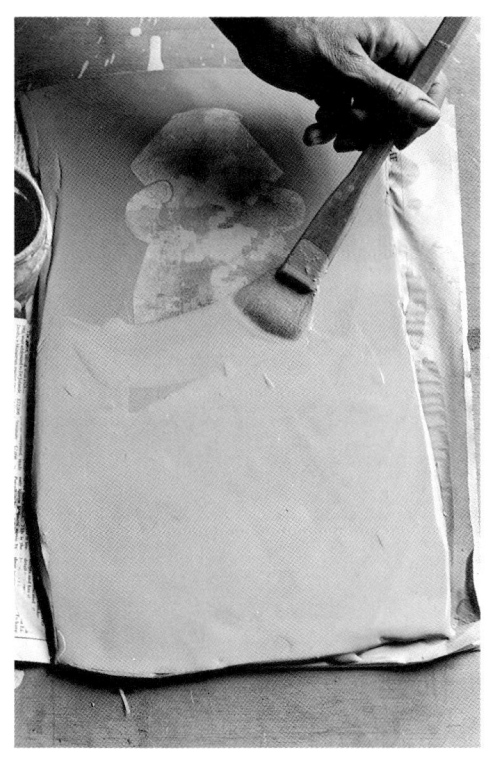

f) Auftrag der nächsten Farbe.

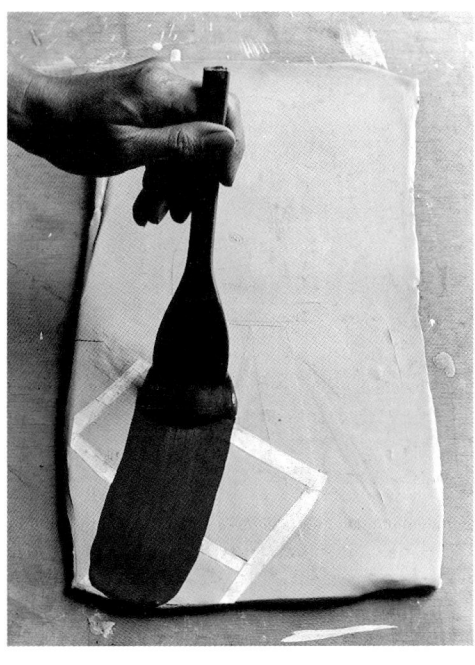

g) Der Rahmen des Fensters beim Auftragen der Engobe für den Hintergrund. Hier wird deutlich, dass man rückwärts denken muss, d. h. der Hintergrund wird zuletzt geschaffen.

h) Die Masken werden mit einer scharfen Nadel angehoben und abgeschält, und zwar in umgekehrter Reihenfolge des Auftragens.

i) Nach Abnehmen weiterer Masken.

j) Dekorieren von Hand; die Blätter sind mit Engobe ausgegossen worden, wobei die an der Maske entstandene Kante die Engobe eindämmt. So spart man zusätzliche Maskierungsarbeiten.

k) Die fertige Tafel. Alle Fotos: John Wheeldon.

Streichen von Engobe durch ein Netzmaterial.

Entfernen des Netzes. Muster und Struktur bildet die Engobe. Fotos: Jim Robison (GB/USA).

Jim Robison (GB/USA): Torso. Tonplatten zusammengesetzt, verschiedene Netzschablonen und Engoben sorgen für Farbe und Struktur.

7. Übungen mit Flüssig-abdeckungen und Engoben

Die Verbindung von farbigen Engoben mit Aussparrtechniken eignet sich hervorragend für den Aufbau von Darstellungen und von kontrastreichen Farbflächen. Wachs in allen Formen lässt sich für alle einfachen Arbeiten verwenden, bei denen zwei Farben zum Einsatz kommen. Latexwachs ermöglicht mehrfarbige Dekore, wenn die Latexschichten für die verschiedenen Farbaufträge abgezogen werden. Aber auch diese Technik ist eingeschränkt, wenn es um komplexere Darstellungen geht. Hier eignen sich Papier oder Tape als die Schablonen, mit denen man die meisten Möglichkeiten hat.

Es gibt verschiedene Arten von geeigneten Masken; weiter unten beschreibe ich die Schritte, die zu guten Ergebnissen führen. Erstens muss das Papier so dünn sein, dass man es gut auf einer Oberfläche aufbringen kann, ohne dass am Rand Lücken entstehen, in die Engobe fließen kann. Besonders wichtig ist dies auf Oberflächen, die nicht flach sind. Dann wiederum darf die Maske nicht so dünn sein, dass sie beim Abziehen nach dem Engobeauftrag reißt. Wenn man versucht, einzelne Papierstücke abzunehmen, besteht große Gefahr für das Dekor. Das Papier sollte außerdem Wasser absorbieren, damit es sich für besseren Sitz anfeuchten lässt und beim Engobeauftrag nicht verrutscht. Sehr hilfreich ist auch ein Papier, das sich im angefeuchteten Zustand etwas dehnen lässt, denn so lässt es sich leichter flach auf die Oberfläche legen. Je mehr Farben und damit Engobeschichten im Spiel sind, desto stärker und dicker muss das Papier sein. Sie finden heraus, welche Eigenschaften die verschiedenen Papierarten haben, in dem Sie sie in Wasser einweichen und auf geschwungenen Tonformen oder geschrühten Testfliesen ausprobieren.

Die Wandstärke des zu engobierenden Objektes muss dick genug sein, damit es beim Ansaugen des Wassers aus der Engobe nicht aufweicht, sich verzieht oder die Form verliert. Der Idealzustand ist lederhart; da hält die Engobe am besten. Ist der Ton zu trocken, besteht die Gefahr, dass die Engobe beim Trocknen schwindet und abblättert, was unter Umständen erst im Brand passiert. Am besten haftet die Engobe, wenn sie aus dem gleichen Ton besteht wie das Objekt. So schwinden beide gleich stark. Das ist aber nicht immer möglich, etwa wenn helle oder leuchtende Engoben auf einen dunklen Scherben aufgebracht werden sollen. Die beste Grundlage, um durch Farbzugabe eine große Palette zu erhalten, ist eine weiße Engobe.

Für den Auftrag auf Schrühware empfiehlt sich Sinterengobe. Sie unterscheidet sich von anderen Engoben nur durch die Zugabe einer kleinen Menge Flussmittel – entweder Feldspat oder eine Fritte –, die im Brand schmilzt und die Engobe »anklebt«. Die Menge sollte klein genug sein, um zu funktionieren, aber die Engobe sollte matt bleiben.

Das Einfärben von Engoben geschieht durch Zugabe von Ton, Farbkörpern und Oxiden, je nach der gewünschten Farbintensität in verschiedenen Zugabemengen. Der Anteil von Ton oder Farbkörper sollte 20 % nicht übersteigen, damit keine Probleme mit dem Haftverhalten der Engobe entstehen. Außerdem zeigt sich beim Experimentieren, dass ab einer Zugabemenge von 15 % keine wirkliche Änderung in der Farbintensität mehr erkennbar ist, so dass alles andere eine Verschwendung wertvoller Materialien bedeuten würde.

Wenn das fertige Objekt mit einer Transparentglasur bedeckt ist, kann es passieren, dass einige Oxide wie Kupfer in die Glasur eindringen und die klare Optik verwaschen. Ist dies der Fall, dann ist ein Farbkörper wahrscheinlich die bessere Alternative.

Wenn Sie zum ersten Mal mit Engobe arbeiten, testen Sie vor dem Einfärben die ausgewählten Versätze, um herauszufinden, ob sie für Ihren Zweck geeignet sind. Wenn Sie sich für eine Engobe entschieden haben, ist es umständlich, viele kleine Mengen abzuwiegen, um Farbe zuzusetzen. Mischen Sie lieber eine große Menge, lassen sie trocknen und wiegen Sie hiervon 100-Gramm-Portionen ab, denen Sie prozentual Farben zusetzen. Bei dunklen Farben empfehlen sich Zusätze von zwei, vier, sechs und acht Prozent Farbe, für hellere Farben empfehlen sich Anteile von vier, acht, zwölf und fünfzehn Prozent.

Engoben lassen sich pinseln, schütten, spritzen oder tauchen. Die Konsistenz variiert, aber wenn die Engobe zu dünn ist, könnte die darunterliegende Farbe durchscheinen. Ist sie zu dick, so lässt sich das Papier schlecht abziehen, ohne dass die Kanten der Engobefläche reißen, was zu einer gezackten Linie führt oder zu einer Kante am Rand der Farbfläche, die verrät, wie dick die Schicht ist. Diese Kante kann mit einer Transparentglasur geglättet werden oder als Damm fungieren, wenn man in das vom Papier erzeugte »Tal« Engobe gießt.

Am besten tragen Sie zuerst die blasseren Farben auf und arbeiten sich zu den dunkleren vor. So verhindern Sie, dass dunkle Engoben durch blassere hindurchscheinen. Wenn das Objekt nicht aus weißem Ton ist, tragen Sie zunächst eine Schicht weiße Engobe auf, dadurch entstehen hellere Farben.

Schaffung des Dekors

Ich werde mit einer einfachen, zweifarbigen Darstellung beginnen, um dann das Vorgehen mit mehreren Farben darzulegen. Bei allen Ausspartechniken sollte man sich klar sein über die angestrebte Darstellung. Oft muss man »negativ« denken, z. B. wenn der Hintergrund weiß ist und schwarze Punkte erhalten soll. In diesem Fall würde man keine punktförmigen Masken ausschneiden und anbringen, sondern man würde einen Bogen mit ausgeschnittenen Punkten auflegen und diese Punkte schwarz engobieren. Man kann auch erst die schwarze Engobe auftragen, dann Punkte auflegen und mit weißer Engobe bedecken; die Punkte kommen dann beim Abziehen der Masken zum Vorschein. Empfehlenswert ist dieses Vorgehen aber nicht, weil die schwarze Engobe unter Umständen durch die weiße hindurchscheint, was zu einer schmutzigen Farbe führt. Es ist wirklich besser, die gewünschte Darstellung umzudrehen, indem man das Weiß für die hellen Farben zuerst aufbringt und dann den Hintergrund.

Setzen wir uns also einmal ein gezacktes Dekor als Ziel. Skizzieren Sie zunächst die Zeichnung auf Papier, und zwar in der Größe, die auf das Objekt passt, in diesem Fall eine Fliese. Eine dicke oder dünne weiße Engobe ist bereits flächig als Grundierung aufgetragen, mit einer Struktur versehen oder mit Pinselspuren, um die Oberfläche zu beleben. Schneiden Sie die Rechtecke aus der Zeichnung aus und weichen Sie sie in Wasser ein, so dass sie einsatzbereit sind. Gießen Sie die Schicht blasse Farbengobe über die Fliese und lassen Sie sie trocknen, bis sie nicht mehr glänzt und ein leicht aufgedrückter Finger keine Spur auf der Oberfläche hinterlässt. Positionieren Sie nun die feuchten, aber nicht nassen Rechtecke und drücken Sie mit einem Schwamm an, damit die Ränder gut anliegen und keine Luftblasen bleiben. Wenn dabei mit dem Schwamm die bereits aufgetragene Engobeschicht beschädigt wird, versuchen Sie es mit den Fingern oder mit einem weichen Pinsel.

Gießen Sie dann die dunklere Engobe über die Masken und heben Sie diese nach dem Antrocknen mit einer Nadel oder einem scharfen Messer und den Fingern ab. So entsteht ein zweifarbiges Gittermuster. Beim Übergießen der Masken mit der Engobe darauf achten, dass das Papier nicht heruntergewaschen wird. Wenn die Engobe zu lange trocknet, reißt das Papier beim Abziehen an der Kante der Engobe, die dann abblättert. Wenn die Linien blasser werden sollen und die Rechtecke dunkel, dann muss der zweite Teil der Zeichnung nach dem Auftrag der weißen Engobe aufbracht werden. In diesem Fall wäre es besser, ein Gitter auf einer geschwungenen Kontur anzubringen, indem man Streifen aufklebt, die sich der Oberfläche anpassen, ohne Falten zu werfen. Man kann das Papier auch einschneiden, ähnlich den Abnähern bei Kleidung, aber vergessen Sie nicht, die Kanten zu überlappen.

Nehmen wir jetzt einmal eine kompliziertere Darstellung: einen Strauß rosa Blumen in einer weiß-blauen Vase vor einem blauen Fenster mit gelbem Rahmen vor einem schwarzen Hintergrund. (siehe Fotoserie S. 78–80). Sortieren Sie zunächst die Farben so, dass Sie mit der hellsten anfangen. Die Farbfolge wäre dann: Weiß, Hellblau, Gelb, Rosa, Grün (für die Blätter) und Schwarz. Zeichnen Sie das Bild auf Papier und schneiden Sie die Komponenten aus.

Weichen Sie die Schablonen erst auf, wenn sie an der Reihe sind. Die Fliese sollte schon mit einer weißen Engobe bezogen sein. Da die Blumenvase vor dem Fenster steht, muss dieses zuerst positioniert werden. (Die Farbe, die eine Form haben soll, ist die Engobe, die aufgetragen wird, bevor diese Maske aufgelegt wird.) Tragen Sie die blaue Engobe mit dem Pinsel oder durch Schütten auf. Wenn sie grifffest getrocknet ist, bringen Sie das Fensterglas und die Vase in Position. Tauchen Sie jedes Papierstück in sauberes Wasser. Entfernen Sie überschüssiges Wasser mit einem Schwamm oder einem Handtuch, legen Sie das Papier auf die Fliese und drücken Sie es vorsichtig an, damit eventuelle Luftblasen verschwinden. Warten Sie ein paar Minuten, bis das Papier gut am Ton haftet. Vergewissern Sie sich, dass das Papier an keiner Stelle absteht, sonst gerät die nächte Engobeschicht darunter. Tragen Sie die gelbe Engobe auf und positionieren Sie den Fensterrahmen. Dann pinke Engobe auftragen und Blumen auflegen. Es folgen die grüne Engobe und die Blätter, danach bedecken Sie das Ganze mit schwarzer Engobe. Entfernen Sie das Papier mit eine Nadel, einem scharfen Messer und einer Pinzette in umgekehrter Reihenfolge (Blätter, Blumen, Rahmen, Glas und Vase). Dekorieren Sie die Vase.

Weil die Farben in den Engoben teuer sind, möchten Sie vielleicht nicht die Engobe über das ganze Stück schütten – was auch nicht nötig ist –, sondern nur die jeweilige Fläche bedecken. Dieses könnte jedoch zu einer erhabenen Kante führen, also sollte man selber beurteilen, ob es besser ist, die Schichten flächig aufzutragen. Das weitere Dekorieren der Darstellung von Hand lohnt sich, wenn es um kleine Flächen geht, bei denen sich Abdecken nicht lohnt, die gelben Blütenstempel beispielsweise. Mit dem Malbällchen ließe sich ein schwarzer Rand anbringen.

Durch die Abfolge der Farben ist die Vase, die eigentlich im Vordergrund stehen soll, drei Schichten tiefer, so dass sie wie in das Bild eingesunken wirkt. Daher ist es vielleicht besser, die weiße Grundierung herzustellen, dann das blaue Fenster und dann Schwarz, wobei aber die Vase, die Blumen und das Fenster als ein Bild ausgespart werden. Dadurch bleiben Vase usw. als weiße Flächen, auf die die Farben nach vorherigem Aussparen des Schwarz aufgetragen werden. Das ist dem Experimentiergeist des Einzelnen überlassen.

Worauf man achten sollte, ist, dass das Papier stark genug ist, um sich durch die Engobeschichten ohne Reißen abziehen zu lassen; dass die Engobe nicht so dick ist, dass man darunter das Papier nicht mehr ausmachen kann (man kann sich die Stellen natürlich merken) und dass das Papier abgezogen wird, bevor die Engobe so hart ist, dass sie beim Entfernen des Papiers bröckelt. Besonders bei schmalen Linien kann das passieren. Natürlich kann man jederzeit Ausbesserungen mit dem Pinsel anbringen.

Diese Technik funktioniert auch mit farbigen Glasuren, aber weil die Glasur schneller trocknet, ist die Gefahr von fransigen Rändern größer. Allerdings könnte man diesen Effekt auch bewußt einsetzen.

Craig Martell (USA)

Die Gefäße, die Craig herstellt, sollen den Betrachter schon von weitem interessieren und bei näherer Betrachtung noch mehr beschäftigen. Wie viele andere Künstler, die mit Abdecktechniken arbeiten – besonders mit solchen, wo Masken auf die Oberfläche aufgelegt werden –, hat auch Craig bald herausgefunden, dass sich die besten Ergebnisse mit möglichst glatten Oberflächen erzielen lassen. Er trägt einen Porzellanton auf seine gedrehten Gefäße auf, schrüht und deckt erst dann ab. Mit Abziehblechen wird die Oberfläche beim Abdrehen sorgfältig geglättet und schließlich poliert.

Er benutzt die verschiedensten Tapes und Aufkleber, eigentlich alles, was seiner Absicht entspricht. Hauptsächlich ver-

Craig Martell (USA): Porzellanvase, Höhe 52 cm. Muster hergestellt mit Papieraufklebern und Formen, die mit dem »Griffhold Dual Cutter« geschnitten wurden.

wendet er Abklebeband, das in Breiten zwischen 2 mm und 10 cm erhältlich ist. Er schneidet mit einem Werkzeug, das als »Griffhold Dual Cutter« im Handel ist, und das aus zwei parallelen Klingen besteht. Wenn man dieses Werkzeug über ein Klebeband zieht, das vorher auf ein glattes Brett geklebt wurde, kann man geschwungene Linien ausschneiden. So lassen sich Linien mit 2 bis 15 mm Breite schneiden. Je schneller der Schnitt ausgeführt wird, desto schwungvoller ist die ausgeschnittene Form. Nachdem er eine Vielzahl von Formen zugeschnitten hat, kann er sie auf der zu dekorierenden Form anordnen. Obwohl er eine klare Vorstellung von dem späteren Dekor hat, ergeben sich doch beim Aufbringen des Tapes durch die Form immer wieder Änderungen. Diese werden direkt auf dem Stück zugeschnitten und angebracht. Aufkleber aus dem Schreibwarenladen in Form von Punkten, Ringen usw. finden ebenfalls Anwendung.

Bei manchen Stücken wird im lederharten Zustand Farbengobe auf Flächen gespritzt, die später ausgespart werden. Die Stücke werden geschrüht, wie oben abgedeckt und dann wird eine schwarze Engobe aufgespritzt. Ihm kommt es darauf an, dass die Kante der Glasur auch im Brand hart bleibt, damit die Linien des Dekors nicht weich wirken. Wenn Craig seine Stücke nicht auf diese Weise farbig engobiert, spritzt er eine dunkelblaue Engobe auf, entfernt die Masken und spritzt dann grob mit einer Ascheglasur darüber, so dass eine Orangenschalenoptik entsteht ähnlich wie im Salzbrand.

Eines der Probleme, so hat er festgestellt, ist die Tatsache, dass die auf den noch rohen Ton aufgetragenen Farbengoben manchmal vom Tape mit abgezogen werden. Dies lässt sich durch Zusatz einer kleinen Menge Flussmittel zur Engobe verhindern oder durch Einweichen des geschrühten Stückes, um eine bessere Verschmelzung zu erreichen. Bei manchen

Tapes ist der Kleber allerdings auch zu stark, so dass man sich nach einer Alternative umsehen muss.

Chris Jenkins (GB)

Chris stellt gedrehte Gefäße mit simplen Formen her, deren Ruhe und Kraft von einer klaren linearen Dekoration ergänzt wird. Chris begann in den 1970ern mit dem visuellen Verdrehen von Linien zu experimentieren und Formen zu komprimieren und zu verändern, die gleichzeitig durch die Linien eine Ergänzung erfuhren.

Je nach der Komplexität des Musters benutzt er eine Kombination von flüssigen Abdeckungen und Papiermasken. Durch die Abdecktechnik gelingt ihm eine starke Interaktion mit der Form, während er gleichzeitig winzige Korrekturen vornehmen kann, um Form und Muster auszubalancieren, bevor weitere Engobe- und Glasurschichten aufgetragen werden. Meist benutzt er Zeitungspapier. Er bringt die Bögen mit Abdeckband auf ein glattes Brett auf und schneidet in einem Arbeitsgang so viele Streifen und Formen in der entsprechenden Größe aus, wie er braucht (bei feinen Streifen sollte man entlang der Faserrichtung schneiden, sonst reißen sie leicht). Es empfiehlt sich, als Reserve ein paar Streifen mehr zu schneiden als benötigt. Die Streifen werden in Wasser eingeweicht und mit Hilfe eines Marderhaarpinsels auf das lederharte Objekt gleiten gelassen. Zeitungspapier ist besonders in Form von dünnen Streifen vorteilhaft, weil es sich ohne Faltenwurf akkurat in komplizierte Formen einarbeiten lässt, wenn der Wasseranteil stimmt. Wenn das Dekor vollendet ist, wird es mit einem feuchten Schwamm flächig angedrückt. Tut man das nicht, dann könnte Engobe unter den Rand laufen und die klaren Linien verwischen.

Die Engobe wird durch Tauchen aufgetragen oder mit dem Pinsel, wobei Chris herausgefunden hat, dass es besser ist,

Chris Jenkins (GB): Gedrehter Teller, Durchmesser 35 cm. Maske aus Zeitungspapierstreifen, Mangan-Engobe und matter Glasur.

zuerst komplizierte Details mit einer Schicht entlang dem Muster zu versehen, bevor man eine dickere Schicht aufbringt. Diese erste Schicht klebt die Maske in der ihr zugedachten Position fest, und durch das Streichen entlang der Muster wird verhindert, dass die Maske unter dem Pinsel verrutscht.

Wenn das Muster aus großen Flächen besteht, kann man erst aus Papierstreifen einen Rahmen anlegen und den Innenbereich dann mit Wachs aussparen. Das funktioniert auf lederhartem und geschrühtem Ton. Manchmal bedeckt er das ganze Gefäß mit Klebeband und schneidet dann die Bereiche heraus, die mit Engobe oder Glasur ausgefüllt sein sollen. Wenn die Engoben angezogen haben, d.h. wenn die Oberfläche nicht mehr glänzt, kann das Papier mit Pinzette und Fingern angehoben und abgezogen werden, so dass die Oberfläche freigelegt wird. Wenn die Engobe zu lange trocknet, können die Ränder beim Abziehen der Maske abblättern.

Wer mit Porzellan arbeitet und ein weißes Dekor mit schwarzen Linien an-

strebt, sollte die Bereiche ausschneiden, die schwarz sein sollen, die Masken wie beschrieben aufbringen und dann das ganze Stück in Wachs auf Wasserbasis tauchen. Nach dem Trocknen kommt unter dem abgezogenen Papier der Scherben darunter zum Vorschein. Die Glasur bzw. Engobe kann dann tauchend oder pinselnd aufgebracht werden, wobei sie nur dort angenommen wird, wo zuvor das Papier war. Der Weg zum Erfolg führt über die genau richtige Konsistenz der Engobe. Ist sie zu dick, so deckt sie nicht gut ab. Wenn Tropfen auf der Wachsoberfläche zurückbleiben, lassen sich diese mit einem kleinen feuchten Schwamm abwischen.

Jon Middlemiss (GB)

Jon interessiert sich besonders für die Beziehungen zwischen scharfkantigen, dynamischen, linearen Energien der

Jon Middlemiss: Schüssel, Höhe 26 cm,
Breite 28,5 cm.

Oberfläche und den subtilen Schwüngen
und formalen Qualitäten eines Objektes,
die Balance zwischen männlich und weib-
lich. Er strebt eine besonders klare lineare
Qualität an, wenn er Bereiche abdeckt.
Dabei unterstreicht er einmal die Span-
nung und Vitalität, ein anderes Mal wirkt
er auf unvereinbare Gegensätze beruhi-
gend und ausgleichend ein.

Deshalb ist bei der von Jon angewand-
ten Technik im gesamten Fertigungspro-
zeß mit den verschiedenen Bränden ver-
lässliche optische Akkuratesse nötig. Nach
dem Drehen, Abdrehen und Zusammen-
setzen wird die Form so beschnitten und
abgeschmirgelt, dass sie verfeinert und
die Struktur des Tons sichtbar wird. Der
Großteil der Verfeinerungsarbeiten findet
statt, wenn das Stück trocken ist. Vor dem
Abdecken wird geschrüht. Danach werden mehrere Schichten Schlicker, dünne
Engobe oder Glasur mit dem Pinsel oder
der Spritzpistole aufgetragen und so die

Farbe und die Struktur des Untergrunds
geschaffen. Dann wird wieder gebrannt,
um die Oberflächer härter zu machen,
dann kann das Abdecken beginnen.

Die Kurven und Linien auf Jons Stücken
können nur entstehen, wenn die Masken
sich genau ausschneiden und zur Anpas-
sung an die Form biegen lassen, ohne Falten zu werfen. Er hat herausgefunden,
dass sich für seine Zwecke selbstklebendes
Vinyl am besten eignet. Es lässt sich leicht
schneiden, behält die Form und lässt sich
doch biegen, wenn man es leicht erwärmt.
Erhältlich ist es in den meisten Dekora-
tions- und Heimwerkermärkten in vielen
Farben und Strukturen. Von Vorteil sind
verschiedenfarbige Masken, wenn bei
einem komplizierten Muster ersichtlich
bleiben muss, welche Maske wohin gehört,
ähnlich wie beim Malen nach Zahlen.
Manche sind fein getüpfelt und eignen
sich besser zum Aufspritzen von Glasur.
Da die Maske nicht porös ist, läuft die
flüssige Farbe gerne von der Maske in
Bereiche, wo sie nicht hingehört, und die
Pünktchenoberfläche hilft etwas. Bei eini-

gen Vinylarten ist die Klebeschicht dicker, so dass sie sich besser für strukturierte Oberflächen eignen, obwohl sie bei filigranen Arbeiten weniger hilfreich sind.

Durch Maskieren, Spritzen und Brennen werden Glasurschichten aufgebaut, wobei die Brenntemperatur beim Härten nahe an der Temperatur im letzten Brand liegen sollte, damit die Maske nicht die Schicht darunter mit abzieht. Nach dem Auftrag der letzten Schicht wird das Stück je nach Glasur bei voller Temperatur (1280 °C, 1220 °C oder 1190 °C) gebrannt.

Jane Perryman (GB)

Jane experimentiert mit ihrer Technik schon seit vielen Jahren, um sie zu verfeinern, aber nur die genaue Kenntnis der Materialien und der Brennverläufe macht ihre schönen gemusterten Formen möglich. Wie bei anderen Künstlern entstehen ihre Effekte durch die Einwirkung von Rauch und dessen Fähigkeit, in eine poröse Fläche einzudringen und die Farbe des Objekts darunter zu beeinflussen.

Die Objekte werden mit breiten flachen Wülsten aufgebaut und lederhart abgezogen, um die Endform zu verfeinern. Die Oberfläche wird mit verschiedenfarbigen Engoben überzogen, geglättet und bei 980 °C geschrüht. Die Muster entstehen durch zugeschnittenes oder gerissenes Abklebeband, das aufgeklebt wird. Wenn alle Streifen sitzen, wird die ganze Oberfläche mit einer Schicht aus grobem Schlicker (Crank Mix Clay von Potclay) überzogen, die im Rauchbrand als Barriere dienen soll. Die im Brand entstehende Hitze und der Rauch dringen nicht nur in den Schlicker ein, sie verbrennen auch das Abklebeband. Dieses wird aber vom Schlicker festgehalten und beeinflusst die Gefäßoberfläche deshalb anders als die nicht-

Jane Perryman (GB): Vase, Höhe 22 cm. Gefäß aufgebaut, Masken aus Abklebeband, Schmauchbrand.

Schlicker wird auf das geschrühte und abge-deckte Stück aufgetragen.

Jane Perryman: Gefäß, Höhe 34 cm. Aufbau-technik, poliert, Rauchbrand.

Der gebrannte Schlicker und das verbrannte Ab-klebeband werden nach dem Brand abgekratzt und die feinen Farbnuancen freigelegt.

abgedeckten Flächen. Der Klebstoff des Klebers trägt ebenfalls zum Farbton inner-halb des strengen Musters bei. Es kommt vor, dass sich die Ränder des Tapes im Brand hochwölben und so das Eindringen von Rauch ermöglichen, was die subtile Wirkung des Musters noch unterstreicht.

Wie stark der Rauch eindringt, hängt von der Dicke des Schlickers ebenso ab wie die Aufheizgeschwindigkeit und das verwendete Brennmittel. Verschieden feines Sägemehl und Zeitung werden

verwendet. Die Geschwindigkeit, mit der sie verbrennen, kann gesteuert werden. All diese Faktoren beeinflussen das Endergebnis. Gebrannt wird in einem Behälter aus lose zusammengesetzten Ziegeln.

Nach dem Brand wird der jetzt schrühgebrannte Schlicker ebenso vorsichtig abgekratzt wie das Abklebeband, das jetzt schwarz, verbrannt oder zu Asche geworden ist. Dann wird das Stück gewaschen, getrocknet und gewachst, um die Tiefe der Färbung besser zur Geltung zu bringen.

Sara Carone (Brasilien)

Sara Carone ist ebenfalls eine Künstlerin, die mit der Verbindung von Schmauchbrand und Abdeckung arbeitet und die Fähigkeit des Rauches nutzt, Ton verschieden intensiv zu schwärzen, je nachdem, mit welchem Material er in Berührung

Sara Carone (Brasilien): Gedrehtes Gefäß. Schmauchbrand, gemustert mit verschiedenen Spalttapes aus der Elektronikindustrie.

kommt. Ihre Stücke werden gedreht, abgedreht und auf der laufenden Scheibe mit der flachen Seite eines Abziehbleches geglättet. Dann werden sie getrocknet und in reduzierender Atmosphäre geschrüht, um den Ton von der normalen zarten Farbe in einen von vielen für den Reduktionsbrand typischen Ton zu verwandeln. Diese Färbung bleibt auch nach dem Endbrand bestehen und macht das Stück interessanter. Es wird eine Vielzahl verschiedenfarbiger feiner Tone verwendet.

Das Dekor wird als Zeichnung angelegt und dann mit Ölfarbstiften, Lithographiestiften, Abklebebändern verschiedener Breite und mit Spalttapes auf das Objekt übertragen. Spalttapes sind sehr feine, stabile Klebebänder, mit denen in der

Elektronikindustrie Schaltpläne angelegt werden. Es gibt sie im Elektronikfachgeschäft. Nach Aussparen des Dekors wird eine Engobe und dann eine Glasur aufgetragen. Die erste Schicht ist ein Gemisch aus Kaolin und Wasser, dessen Dicke von dem angestrebten Resultat abhängt. Die zweite, die Glasurschicht, ist eine einfache handelsübliche Alkalifritte. Auch ihre Dicke beeinflusst das Endergebnis. Dünnes Kaolin und dicke Fritte bedeutet Risse und Punkte. Dünnes Kaolin und dünne Fritte führen zu Rissen, Punkten und Grautönen. Dickes Kaolin und dicke Fritte ergibt Risse und Punkte mit grauer Umrandung. Man kann auch der Fritte etwas Kaolin beimengen und so eine weniger fließfreudige Schicht herstellen, die sich ebenfalls auf die Optik auswirkt.

Nach dem Auftrag zweier Schichten werden die Tapes und Masken entfernt, der Scherben freigelegt und dann in Sägemehl gebrannt. Der Brand ist eine sorgfältig gesteuerte Prozedur, bei der die Stücke in einer bestimmten Weise eingesetzt weden, um während des Brands Sägemehl zuzugeben, damit bestimmte Ofenbereiche verschieden stark reduzieren.

Beim Brand werden nach drei Stunden 850 °C erreicht, die Fritte schmilzt, und es wird auf 520 °C abgekühlt. Der Deckel des Topladerofens wird entfernt und kleine Beutel mit Sägemehl werden um die Stücke herum angeordnet. Mal berührt das Sägemehl ein Gefäß, mal wird es nur in die Nähe gestellt. Manchmal auch wird ein Stück ganz zugedeckt, je nach der gewünschten Intensität der Reduktion. Einige Stücke werden erhöht, damit der Rauch und die Sägespäne den Boden erreichen können, während andere im Brand gegen Schamottesteine gelehnt werden. So wird ereicht, dass die Temperatur an manchen Teilen des Stücks höher ist als an anderen, was wiederum bewirkt, dass die Fritte verschieden stark schmilzt und damit verschieden stark für den Einfluss des Rauchs empfänglich ist. Je mehr die Fritte geschmolzen ist, desto mehr widersteht sie dem Rauch.

Die feinen Fabnuancen entstehen im letzten Brand. Die Lage der Stücke wird eingeplant, bevor mit dem eigentlichen Dekor begonnen wird. Dafür ist es wichtig, die Stücke möglichst vorsichtig zu behandeln, damit die zarten Schichten nicht so schnell beschädigt werden. Nach dem Abkühlen wird der Ofen ausgeräumt und die Fritte-Kaolin-Schicht abgepellt, unter der die leichten Farbnuancen zum Vorschein kommen. Die Stellen, auf denen das Klebeband aufgebracht und abgezogen wurde, sind jetzt schwarz.

Patrick Siler (USA)

Patrick Siler setzt alltägliche Erfahrungen in zeichnerische Darstellung um. Ihm ist weniger an Realismus oder einem Stil gelegen als an Bewegung, Humor und der wirklichen Essenz einer Situation: »Sie haben wahrscheinlich von zeichnerischer Kurzschrift gehört, dem Zauberzeug, das orientalische Malereien und expressionistische Gemälde zu Meisterwerken macht. Das hätte ich auch gerne.«

Seine ausdrucksstarken Bilder werden mit einfachen Schablonen, Engoben und kleinen Mengen Glasur hergestellt. Zunächst benutzte er Schablonen aus Löschpapier, fand aber heraus, dass es sich schlecht schneiden ließ und im feuchten Zustand leicht riss. Heute nimmt er Fleischerpapier, auf dem die Zeichnung angelegt und vielfach korrigiert wird, bis sie stimmt, und dann werden die Schablonen mit einem scharfen Töpfermesser ausgeschnitten. (Dabei werden Sie feststellen, dass die Schablonenherstellung viele Stunden des Schneidens erfordert, während die »feuchte« Arbeit, d.h. das Über-

Rechts
Patrick Siler (USA): »Jivin man Jim comes to the bar«, Höhe 98 cm. Engoben und Schablonen, Steinzeug.

91

Patrick Siler (USA) beim Ausschneiden von Schablonen für ein Objekt.

malen mit Engobe oder Glasur, eine Sache von Minuten sein kann.) Patrick schneidet alle Schablonen zu, bevor die feuchte Arbeit beginnt.

Patricks Objekte sind aus grobschamottiertem Ton mit viel »Biss«. Diesen schlägt er mit der Hand zu Platten, die er zwei oder drei Tage anziehen lässt, bis sie steif, aber noch biegsam sind. Dann werden die Teile der Form ausgeschnitten und zusammengarniert. Eine schwarze Grundierung aus Engobe wird auf die lederharte Oberfläche gestrichen und trocknen gelassen, bis sie grifffest ist. Die Schablonen werden in Wasser eingeweicht, wodurch sie formbar werden. So kann man sie der Kontur des Tons anpassen und verhindern, dass später Engobe unter die Ränder läuft. Vor dem behutsamen Auflegen der Schablone wird diese mit Löschpapier oder einem Handtuch von überschüssigem Wasser befreit.

Die zweite Schicht wird über die Schablonen aufgetragen: dickflüssige, helle Engobe, durch die er mit Schwung einen breiten Pinsel mit schwarzer Grundierungsengobe zieht und so Pinselspuren auf der Oberfläche hinterlässt. Dann folgt an einigen Stellen eine weitere Schicht, die aufgetragen wird, bevor die Schicht darunter getrocknet ist, um so eine weiche Verschmelzung der Farben im Kontrast mit der harten Kante der Schablone zu erreichen. Diese oberen Schichten sind mit Pigmenten versetzt, die Farbvariationen erlauben. Sobald die Engobe grifffest getrocknet ist, werden die Schablonen entfernt und die schwarze Darstellung darunter freigelegt. Nach langsamem Trocknen über Wochen wird eine dünne Transparentglasur aufgespritzt und dann bei 1200 °C bis 1240 °C in einer leicht reduzierenden Atmosphäre gebrannt.

Nach dem Abziehen der Schablonen, das fertige Stück vor dem Trocknen.

Die Papierschablone wird eingeweicht, damit sie besser auf der Oberfläche haftet.

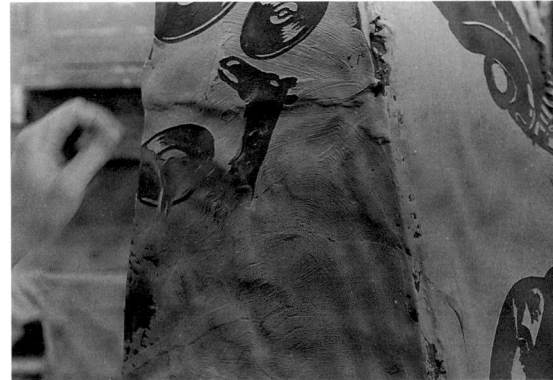

Abziehen von Schablonen, darunter die Dekoration.

8. Kolloidale Engoben

Kolloidale Engoben unterscheiden sich von normalen Engoben dadurch, dass sie aus weit kleineren Teilchen bestehen, was ihnen auch eine größere Dichte verleiht. Natürlich können sie auch wie normale Engoben zur Herstellung von vielen Dekorationsarten verwendet werden. So benutzten schon die Griechen kolloidale Engoben – auch *terra sigillata* genannt – für ihre berühmten schwarzfigürlichen Dekore. Auch die Römer verwendeten sie bei der Herstellung ihrer Samos-Keramik. Und heutzutage arbeiten moderne Künstler wie Duncan Rose mit kolloidalen Engoben in Verbindung mit Abdecktechniken.

Doch durch die hohe Dichte kolloidaler Engoben lassen sich diese auch selbst als Abdeckmittel verwenden, wenn auch nicht typischerweise durch Auftragen auf ein Objekt und nach einem weiteren Arbeitsschritt Entfernen des Abdeckmittels. Die kolloidale Engobe ist vielmehr durch ihre hohe Dichte unempfindlich gegenüber Raucheinwirkung, wenn sie auf eine porösere Oberfläche aufgetragen wird, auch wenn die Engobe aus dem selben Ton hergestellt wurde. Außerdem neigen sie aufgrund ihrer geringeren Teilchengröße früher zum Sintern als der Scherben, so dass eine in einem früheren Stadium des Brennvorgangs erzielte Farbveränderung in der Engobe versiegelt bleibt. So lässt sich mit kolloidalen Engoben eine große Bandbreite an satten Farbtönen erzielen. Diese Eigenschaften sind der Grund dafür, dass ich die kolloidalen Engoben in diesem Buch vorstellen möchte.

Beschaffenheit der Engobe

Bei der Herstellung einer kolloidalen Engobe kommt es darauf an, die feinsten Partikel aus dem Ton zu lösen. Ihre Größe liegt zwischen 0,0001 und 0,0000001 cm. Bei diesen feinsten Teilchen herrscht die gleiche elektrische Ladung vor, so dass sie einander abstoßen, wenn sie in Flüssigkeit schweben. So ist es auch nicht leicht, sie zur Ablagerung zu bringen. In Massen, besonders in hochplastischen Ball Clays, befinden sich bis zu 30 Prozent dieser feinsten Teilchen. Eine kolloidale Engobe lässt sich aus jeder Masse herstellen.

Gewinnung der Engobe

Die Gewinnung der Engobe ist einfach, wenn auch streckenweise arbeitsintensiv. Den trockenen Ton in einen großen Behälter – etwa eine Mülltonne – geben, mit Wasser mischen und einsumpfen lassen. Das Verhältnis ist in etwa 137 Liter Wasser auf 16 kg Ton. Für Testzwecke müssen die Mengen entsprechend verkleinert werden. Ein Wasserenthärter wie Calgon und ein organischer Stoff wie zwei Teelöffel Ochsengalle aus der Apotheke hinzugeben. Das Calgon führt zu einer Zerkleinerung der Partikel, während die Ochsengalle die Bildung von Bakterien fördert, was seinerseits den Zerkleinerungsprozeß beschleunigt. Eine Woche lang alle 1 bis 2 Tage gut durchrühren und dann zwei Wochen lang ruhen lassen. Darauf achten, dass das Gemisch während des Absetzprozesses nicht bewegt wird, denn dies würde dazu führen, dass die grö-

Duncan Ross (GB): Steinzeuggefäß, 19 cm hoch. Verschiedene Schichten kolloidaler Engoben, Abdeckmuster mit Klebebändern.

ßeren Partikel in der Flüssigkeit aufsteigen.

Wenn sich das Gemisch abgesetzt hat, wird der obere Teil der Flüssigkeit in transparente Behälter abgeschöpft und weitere ein bis zwei Wochen ruhen gelassen. Danach lassen sich drei verschiedene Schichten in den Behältern erkennen: Eine dicke Sedimentschicht zuunterst, eine dünnere Schlickerschicht in der Mitte und oben eine dunkle Flüssigkeit. Diese obere Schicht ist die kolloidale Engobe, die dann vorsichtig in Tabletts geschöpft wird, um das Wasser verdunsten zu lassen. Wenn genügend Wasser verdunstet ist, lässt sich erkennen, dass die restliche dicke Engobe eine seifenartige Textur besitzt und sich eher wie Fett anfühlt als wie Ton, wenn man sie noch weiter trocknen lässt. Wichtig: Wenn die Engobe einmal von der Hauptmasse getrennt ist, kann man dem Absetzen der kolloidalen Engobe nachhelfen, indem man eine kleine Menge Säure bzw. Calziumchlorid zugibt, was am gebräuchlichsten ist. Dadurch klumpen die Engobepartikel zusammen, werden schwerer und sinken schneller ab. Dieser Vorgang heißt »Ausflockung«.

Manchmal lässt sich auch der wochenlange Prozeß der Sedimentation umgehen, indem man den Tonschlicker erst durch ein feinmaschiges Sieb streicht und diesen feineren Ton unter Zugabe von Entflockungsmitteln bis zu 48 Stunden lang in der Trommelmühle mahlt. Ein besonders wirksames Entflockungsmittel ist Natriummetaphosphat. Bei dieser Methode werden die Partikel kleingemahlen und das Resultat ist die fertige Engobe. Eine andere Möglichkeit ist es, den feineren Ton zu mahlen, 20 Stunden ruhen zu lassen und die obere Schicht abzuschöpfen.

Umgang mit der Engobe

Mit der Engobe kann gespritzt, gepinselt, geschüttet und getaucht werden. Auf jeden Fall ist auf einen dünnen Auftrag zu achten, denn bei der Herstellung ist der Quarzgehalt gesunken, und da die Engobe nach dem Brand unter Druck steht, könnte sie abplatzen, falls sie zu dick aufgetragen ist.

Die flache Form der Tonpartikel führt dazu, dass beim Trocknen immer ein Glanz entsteht, der am besten beim Auftrag auf eine glatte Oberfläche zur Geltung kommt. Diese lässt sich vor dem Brand mit einem weichen Lappen noch stärker polieren. Durch die Ausrichtung der Partikel haftet die Engobe außerdem auf fast jedem Scherben. Weil sie aber so fein ist und Wasser nur langsam durchlässt, benötigt ein deckend engobiertes Stück sehr lange Zeit zum Trocknen. Die Engobe lässt sich auf Rohware und auf Schrühware auftragen, allerdings sollte Schrühware vor dem Auftrag angefeuchtet werden, denn sonst können Nadelstiche entstehen, die anders als bei einer Glasur im Brand nicht zuschmelzen.

Farboxide und Farbkörper können zugesetzt werden, sollten aber zuvor in der Kugelmühle gemahlen werden, damit auch sie ultrafein sind. Vier Stunden Mahldauer reichen normalerweise aus. Die Engoben selbst ergeben eine breite Palette an satten Grau- und Brauntönen, für die sich die Mühe und Zeit des Experimentierens reichlich gelohnt haben werden.

Susan Halls (GB)

Die Künstlerin Susan Halls verwendet kolloidale Engoben. Sie arbeitet hauptsächlich mit Tierdarstellungen, im Moment aber befasst sie sich auch mit der Entdeckung von Schuhen, Kleidungsstücken, Autos und organischen Formen. Die meisten ihrer Werke entstehen unter Verwendung primitiver Brenntechniken (Raku, Schmauchbrand, Salzbrand) und frühschmelzender Glasuren. Die matten Oberflächen und erdigen Töne der von Susan dargestellten Tiere entstehen durch die gewählten Massen und Engoben.

Für jede Brenntechnik hat Susan spezielle Abdecktechniken entwickelt. Am unkompliziertesten ist hierbei die Verwendung kolloidaler Engoben bei Raku oder Schmauchbrand. Sie widerstehen der Karbonisation aufgrund ihrer geringen Partikelgröße.

Susan trägt die Engoben in Spritz-, Mal-, Schütt- und Tauchtechnik dünn auf, damit sie nicht im oder nach dem Brand abplatzen. Die Tierfelloptik entsteht, indem das ganze Objekt mehrmals mit dünner Engobe beschüttet wird. Nach dem Trocknen der Oberfläche wird die Engobe an bestimmten Stellen mit einem Schwamm wieder abgewischt, so dass der ursprüngliche Ton wieder freigelegt wird. Die Engobe löst sich sehr leicht und die Hände sollten bei der Handhabung des Objekts vorsichtig und trocken sein. Dann wird das Stück bei 950 °C gebrannt, rotglühend dem Ofen entnommen und in Sägemehl gebettet. Dadurch werden die nichtengobierten Stellen geschwärzt, während die engobierten Oberflächen Rissmuster

erhalten, die durch die Einlagerung von Kohlepartikeln noch betont werden.

Eine weitere Abdecktechnik Susans ist die Arbeit mit Schablonen aus Klebeband, Flüssiglatex oder feuchten Zeitungen, besonders wenn es bei der Darstellung eines gestreiften Fells auf scharfe Ränder ankommt. Die Schablonen werden angebracht und die Engobe durch Schütten, Malen oder Spritzen aufgetragen und die Abdeckungen vor dem Brand wieder entfernt.

Eine weniger starke Schwärzung lässt sich in der Ziegelkammer erzielen. Dafür werden die Teile leicht mit Sägemehl bestreut, welches entzündet wird und dann aber nicht verbrennt, sondern schwelt. So entsteht ein dezentes Rauchmuster. Bei

Susan Halls (GB): »Contemporaneous Animal«, Höhe 12 cm. Aufgebaut aus Steinzeugton unter Verwendung von kolloidalen Engoben und Tonschablonen; Brenntechnik Schmauchbrand und Raku.

Handgeformtes Tier, geschrüht mit Draht und Tonschablonen über kolloidalen Engoben vor dem Schmauchbrand.

dieser Technik wird mit Schablonen aus Ton gearbeitet. Der Ton wird auf eine Stärke von etwa 8 mm ausgerollt und für die Herstellung der Fellmuster in entsprechende Formen zugeschnitten. (Wichtig ist die Verwendung von schamottiertem Ton, damit die weichen Schablonen im Brand weniger schwinden oder reißen.) Bei dieser Technik kann Susan auch verstärkt mit ihren detaillierten Zeichnungen arbeiten, um die Bereiche festzulegen, die keine Färbung erhalten sollen.

Da die Tonschablonen nicht an dem geschrühten Stück haften und im Brand trocknen, muss man sie über das Tier hängen, sonst würden sie von senkrechten Flächen einfach abfallen. Aber es gibt Abhilfe. So kann man die Schablone mit einem dünnen Draht an den Ton binden. Dabei ist allerdings darauf zu achten, dass der Draht das Objekt nicht berührt, denn dabei würden Hitze, Rauch oder

Tier in Räucherkammer mit brennendem Papier.

98

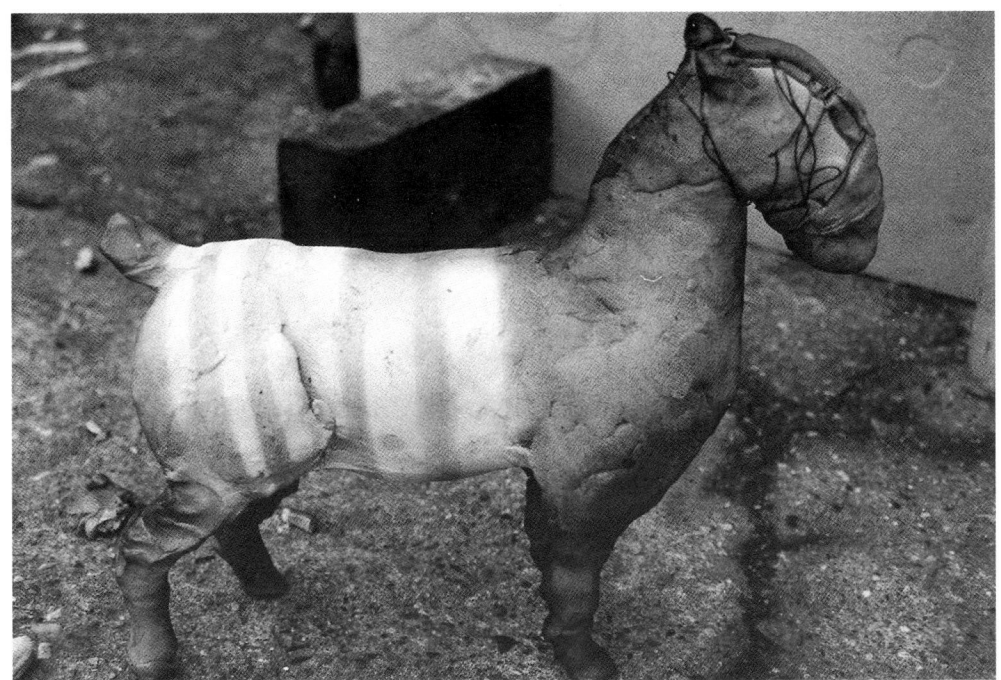

Fertiges Objekt nach Abnehmen eines Teils der Schablonen. Alle Fotos von Susan Halls.

das Metall unerwünschte Spuren auf der Oberfläche hinterlassen. Möglich ist auch, das Objekt vorsichtig so zu unterfüttern, dass es den Boden des Ofens bzw. der Kammer nicht direkt berührt, so dass der Draht nicht vom Sägemehl gegen die Oberfläche gedrückt wird.

Wenn nicht mit Draht gearbeitet wird, besteht eine andere Möglichkeit darin, das Stück mit einer Seite in Sägemehl zu legen, wobei die Schablonen über den mehr horizontalen Teilen liegen. Wenn das Sägemehl verkohlt ist, wird das Tier umgedreht und die andere Seite mit dem Muster versehen. Die erste Seite wird zwar beim zweiten Brand eine andere Färbung annehmen, aber mit etwas Erfahrung und bei sorgfältiger Steuerung der Vorgänge lassen sich erstaunlich homogene Oberflächen erzielen.

Beim Niedrigtemperatur-Salzbrand besteht das Problem, dass das Salz zu einem Verschmelzen von Ton und Engobe führen und so Schaden verursachen könnte. Beim normalen Salzbrand werden deshalb die Gefäßböden von den Ofenplatten und die Deckel von den Auflageflächen mittels sogenannter Riehmchen getrennt. Dabei handelt es sich um salzresistentes Aluminiumhydrat, dem 5 bis 15 % China Clay bzw. Bentonit beigemischt werden, um die Masse plastisch zu machen. Diese Masse ist formbar wie Teig und lässt sich ausrollen und zu den gewünschten Formen schneiden. Susan Hall ist diese Rezeptur nicht plastisch genug, deswegen mischt sie dem Aluminiumhydrat Backpulver bei. Das Resultat ist ein gut zu verarbeitender Werkstoff, der zudem beständig genug ist, um von den Salzdämpfen im Brennofen nicht angegriffen zu werden.

Auch bei dieser Technik hält die Schablone nicht von selbst auf senkrechten Flächen, so dass sie um oder über das Objekt gehängt werden muss, wenn sie nicht abrutschen soll.

9. Ätzdekor

Die Ätzdekortechnik wurde im geschichtlichen Kapitel bereits kurz angesprochen. Säuren werden vorrangig zum Mattieren einer Glasuroberfläche verwendet, um dem Objekt eine gleichmäßige Farbe, aber auch leicht veränderte Strukturen zu verleihen, und auch, um durch eine Schicht hindurch in eine andere, andersfarbige Schicht zu ätzen.

Unter dünnen Überzügen können sich wie bei flächigem Lüster verschiedene Farben verbergen, die durch das Entfernen bestimmter Partien zum Vorschein kommen. Greg Daly (Australien) schafft durch die Verwendung von Säure und Lüstern und Blattgold Objekte von großem Farbreichtum. Dabei lässt sich Blattgold besser auf Keramik aufbringen, wenn die Oberfläche mit Säure behandelt wurde, als auf glänzenden Oberflächen.

Bei den verwendeten Säuren handelt es sich um Fluorwasserstoff- oder Flusssäure, die Glas angreift und auch unter der Bezeichnung »cream glass« bekannt ist.

ACHTUNG: **Säuren sind sehr gefährlich, allen voran Fluorwasserstoff. Bevor mit Säure gearbeitet wird, sind die Gesundheits- und Sicherheitshinweise des Herstellers zu lesen und strikt zu befolgen. Dazu gehört auch die Entsorgung der Säure.**

Die Bereiche, die nicht angegriffen werden sollen, müssen mit einem Material abgedeckt werden, das säureresistent ist – Latex, Wachs, Gummilösungen und Tapes sind dafür geeignet. Tesafilm eignet sich ebenfalls sowie Bleifolie und Tierfette, die hauptsächlich in der Glasindustrie zum Einsatz kommen. Zunächst sollte man testen, ob das Abdeckmaterial geeignet ist. Die Säurehersteller verfügen über Informationen über verwendbare Materialien. Nicht vergessen, dass man beim Ätzen einer glasierten Oberfläche die Maske anschließend wieder leicht entfernen können muss. Eine Gummilösung etwa, die sich nicht ohne Zerstörung des Dekors entfernen lässt, ist wenig hilfreich. Evtl. kann man auch bei Problemen die Maske bei 600 °C wegbrennen, wenn die Schmelztemperatur der Glasur nicht zu niedrig ist.

Das Abdecken erfolgt wie bei anderen Aussartechniken auch, allerdings muss man bei Tapes darauf achten, dass sie dicht genug anliegen, damit die Ränder nicht unterspült weden. Flusssäure wird flüssig verkauft und verwendet, meist als 60 prozentige Lösung. Bei Cream glass handelt es sich um eine Paste, die nicht ganz so stark ätzend ist; die Paste läuft nicht so leicht unter die Ränder, braucht aber auch länger zum Ätzen.

Man sollte Gummihandschuhe tragen beim Auftrag der Säure auf die Oberfläche mit dem Pinsel. Die benötigte Einwirkzeit hängt von der Härte der Glasur und von der Kraft der Säure ab. Sie kann dann mit heißem Wasser abgewaschen werden, wobei sich auch Schmelzwachs auflöst, sofern es verwendet wurde. Dann wird mit Flüssigseife die Oberfläche abgewaschen, weil es zu Abschaumbildung kommen kann. Wenn Sie dann noch besorgt sind, dass sich noch Säure auf dem Stück befindet, wenden Sie eine vom Säurehersteller empfohlene Neutralisierungslösung an.

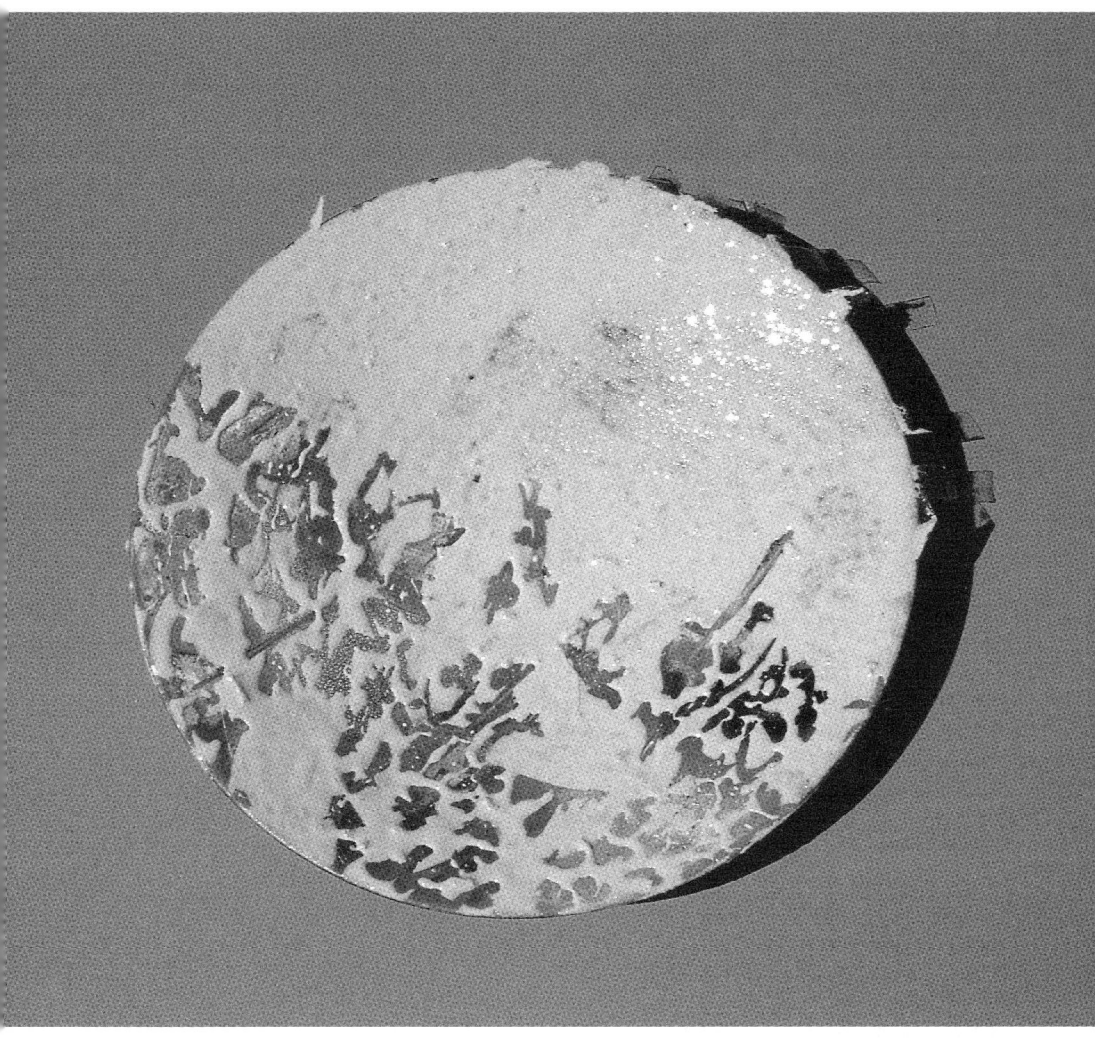

Manchmal sind mehrere Säureüberzüge nötig, um den gewünschten Effekt zu erzielen, hier hilft nur Üben.

Die Ätztechnik eignet sich nur für glasierte Oberflächen, wobei die Ergebnisse umso besser sind, je glatter die Glasur ist. Es entsteht ein frostiger, aber milder Kontrast, nicht mit dem Sandsstrahlen vergleichbar, das eine weit rauhere Oberfläche zurücklässt. Glasuren mit sehr rauher Oberfläche, die eher mattiert werden, sind nicht empfehlenswert, weil die Wirkung zu unklar ist und weil Säure in Bläs-

Greg Daly (Australien): Teller. Abgedeckt mit Tesafilm, einem klaren Pastiktape, beschichtet mit Cream-Glass-Paste.

chen oder Risse der Glasur eindringen und zu Verletzungen führen könnte. Wenn Sie mit strukturierten Glasuren arbeiten wollen, sind Sie vielleicht mit Sandstrahlen (siehe Kapitel zwölf) besser beraten.

NICHT VERGESSEN: **Seien Sie vorsichtig beim Umgang mit allen Säuren!**

Greg Daly (Australien): Geätzter Lüster aus Blattgold
und Blattsilber.

10. Lüstertechniken

Lüster werden in der Keramik schon lange benutzt, um einen schönen metallischen Glanz auf glasierte Oberflächen zu zaubern. Es gibt sie gebrauchsfertig in vielen Farben, meist mit Harz gemischt. Diese Metalle – z. B. Gold, Silber, Platin, Kupfer, Wismuth und Zinn – werden in Salzsäure aufgelöst, woduch ein Chlorid entsteht, das mit Natriumresinat einen Bodensatz ergibt, der dann zum besseren Auftrag in ein Ölmedium gegeben wird. Wird eine gebrannte Glasur mit einem Lüster bedeckt und wieder bei niedrigerer Temperatur gebrannt, dann bewirkt der Harzgehalt ein Reduzieren des Metalls, was eine sehr dünne Schicht reinen, glänzenden Metalls zur Folge hat.

Lüster werden normalerweise auf glänzende Glasuren aufgetragen, wobei die Glasur bei etwa 750 °C, der Brenntemperatur der Lüster, leicht erweichen sollte, damit der Lüster an der Glasur haftet oder in sie eindringt.

Sutton Taylor (GB): Schale. Verschiedene Lüstertechniken.

Die normalen Abdecktechniken unter Verwendung von Klebebändern oder Wachsen finden wie für andere Keramikoberflächen bereits beschriebene Anwendung. Es kommt vor, dass das Medium, in dem der Lüster aufgelöst ist, Wachs auflöst und dessen Verwendung erschwert. Dann sollte man sich auf Latexwachs verlegen, ein Material, das sehr gut für die Kombination mit Lüstern geeignet ist, weil es leicht auf eine gebrannte Glasur aufgepinselt werden kann, nicht verläuft und sich problemlos abziehen lässt. Bevor man Lüster brennt, sollten alle Masken entfernt sein, sonst könnten Aschereste die erweichende Glasuroberfläche verunstalten.

Mit Wasserfarben oder Gouache (unverdünnt aus der Tube) kann das Muster auf die gebrannte Glasur gemalt werden. Dann lässt man sie trocknen und übermalt sie mit handelsüblichem Lüster. Der Tonanteil in den Farben bewirkt im Brand eine Abdeckung gegen den Lüster. Nach dem Brand lässt sich die Wasserfarbe abwaschen und das Muster erscheint dort, wo keine Farbe war. Die Farben enthalten zwar keramische Pigmente, aber aufgrund der niedrigen Brenntemperatur haben sie auf die Farbe der Glasur keinen Einfluss (siehe Kapitel Eins).

Es gibt auf der Welt nur wenige Töpfer, die Lüster auf sehr interessante Weise benutzen und meist eigene, auf ihre Arbeitsmethode abgestimmte Lüster herstellen. Dadurch lassen sich mehr interessante Farben herstellen als im Handel erhältlich sind. Es ist zugegebenermaßen nicht schwierig, mit eigenen Lüstern gute Ergebnissen zu erzielen, aber um eine große Farbauswahl und gleichmäßig gute Resultate zu erzielen, bedarf es einer Menge Übung und eines sehr genauen Ofens. Schon kleine Temperaturschwankungen können alles zunichte machen. Die Dartellung der Herstellung von eigenen Lüstern würde den Rahmen dieses Buches sprengen.

Abdecktechniken

Der englische Töpfer Sutton Tayler erzielt auf dem Lüstergebiet erstaunliche Ergebnisse. Die meisten Informationen in diesem Abschnitt stammen von ihm. Die Oberflächen seiner Werke mit ihren verschiedenen Farben und Formen faszinieren immer wieder und geben Rätsel in Bezug auf ihre Entstehung auf. Im Folgenden werden einige der für Lüster spezifischen Abdecktechniken vorgestellt.

Inglasurlüster entstehen, wenn eine geeignete Glasur mit Metallsalzgehalt erneut bis auf Schmelztemperatur erhitzt und dann reduziert wird, bis das Metall sich in seinen Zustand als Metall bzw. Farbe umwandelt. Eine kupferhaltige Glasur etwa, die im Oxidationsbrand grün wird, färbt sich im Reduktionsbrand rot. Wenn man nun Teile der Glasur vor der Reduktion abdeckt, kann man ein rotgrünes Muster herstellen. Eine einfache Paste aus Ton, Wasser und Gummi bildet, auf die Oberfläche aufgetragen, eine wirksame Barriere. Wenn die Maske leicht durchlässig ist, lässt sich eine Fleckenoptik erzielen. Wenn man der Tonpaste groben Sand oder Schamotte zufügt, kann das Reduktionsgas teilweise durchdringen. Eine Fleckenoptik lässt sich auch erzielen, indem man der Tonpaste brennbare Stoffe beimengt, die im Brand ausbrennen und Löcher hinterlassen, durch die die Reduktionsgase mit der glasierten Oberfläche in Kontakt kommen können. Hierfür eignen sich Kaffeepulver, Linsen, Hafer, Gras und Mohnsamen. Die Möglichkeiten sind unbegrenzt.

Nun wundern Sie sich vielleicht, warum die Tonpaste nicht mit der Glasuroberfläche verschmilzt. In der Tat geschieht dies sogar oft und hier liegt auch die große Gefahr dieser Methode. Die Kunst besteht darin, die Glasur so weit zu erhitzen, dass sie gerade weich genug ist für das Eindringen der Reduktionsgase in die Oberfläche, aber nicht so weich, dass der Ton gehalten wird. Ein paar Grad zuviel und alles war vergeblich, wenn der Ton sich nicht entfernen lässt. Jede Glasur hat ihre eigene optimale Temperatur, die sich nur mit Erfahrung und einem zuverlässigen, steuerbaren Ofen ermitteln lässt.

Auch *Aufglasurlüster* arbeiten mit Tonpaste, aber in diesem Fall wird das Metallsalz in den Ton gemischt und dann auf eine bereits gebrannte Glasur aufgetragen. Dann wird erneut bis zum Erweichungspunkt der Glasur reduzierend gebrannt, und die Metallsalze werden auf die Glasuroberfläche übertragen. Sie verbinden sich chemisch mit der Glasur und durch die Reduktion behalten sie ihre reine metallische Form. Auch hier muss so gebrannt werden, dass die Glasur erweicht wird, aber der Ton sich noch entfernen lässt.

Diese Art Pigmentpasten ist schwierig aufzutragen und Latex oder Wachs sind eine große Hilfe, um die Paste im vorgesehenen Bereich zu halten.

Wie bei Inglasurlüstern kann man Stoffe zugeben, um eine Fleckenoptik zu erreichen. Gebrochene Strukturen können geschaffen werden, indem man das Pigment auf die Wachsemulsion aufträgt. Da die Paste nicht flüssig genug ist, wird sie vom Wachs nicht abgestoßen. So bildet das Pigment unregelmäßige Flecken, die genau so auch nach dem Brand angeordnet sind. Die Muster lassen sich auch mit allen möglichen Tapes herstellen, aber sie müssen entfernt werden, bevor die Paste zu steif wird und beim Abziehen des Tapes abgeht oder am Rand bröckelt.

Dampflüster entstehen durch flüchtige Metalle im Ofen. Diese zirkulieren mit den Ofengasen und bilden auf allen empfänglichen Oberflächen einen schillernden Glanz. Auch hier lassen sich die Stellen, an denen das nicht geschehen soll, mit geeigneten Mitteln abdecken. Auch hier kann Tonpaste zum Einsatz kommen, aber auch Haushaltsfarbe oder flüssiges Tippex eignen sich aufgrund ihres Tongehalts.

Auf den hinteren Buchseiten habe ich ein paar Grundrezepte als Ausgangsbasis für Interessierte aufgelistet. Die Angabe von genauen, individuellen Rezepten wäre irreführend, denn der Erfolg hängt von vielen Variablen ab, von der Teilchengröße bis zur Feuchtigkeit am Brenntag. Nur wer bereit ist, viel zu experimentieren, sollte sich mit dieser Materie einlassen, aber die Ergebnisse lohnen die Mühe!

11. Engobemasken und Rauch

Abdeck- und Ausspartechniken eignen sich für verschiedene Brennverfahren, wobei Schmauchbrand und Raku besonders hervorzuheben sind.

Rohtonmasken

Eine Technik, die fast ausschließlich bei diesen Brennverfahren angewendet wird, ist das Abdecken mit unterschiedlichen Tonmasken. Dabei wird der Rauch im Reduktionsbrand daran gehindert, auf die Oberfläche des Objekts zu treffen. Herausragend auf diesem Gebiet sind die Künstler Jerry Caplan (USA), Dave Roberts (GB) und Kate und Willie Jacobson (USA).

Für gewöhnlich wird bei dieser Methode ein Stück mit einer sehr glatten oder polierten Oberfläche hergestellt, geschrüht und dann mit einer Schicht weichen Tons in Form eine Engobe bedeckt. Wenn die Tonschicht trocknet, bildet sie mehr oder weniger feine Rissmuster. Wenn das Objekt dann rotglühend in Sägespäne gelegt wird, kann der Rauch folglich durch die Risse dringen und sich in Form feiner schwarzer Linien auf dem Gefäß abbilden.

Das Hauptproblem besteht darin, dass die Tonschicht nach dem Trocknen sehr zerbrechlich ist und meist im Brand, bei der Handhabung oder im Sägemehl sich ablöst, was zur Folge hat, dass das ganze Gefäß geschwärzt wird. Vermeiden lässt sich das, indem man die Tonschicht einigermaßen dünn aufträgt und dann mit einer Schicht Niedrigbrandglasur übergießt bzw. überspritzt. Die Glasur hat die Aufgabe, zu schmelzen und den Ton in eine Kruste ähnlich einer Eierschale zu verwandeln. Diese Schale ist weit widerstandsfähiger beim Ausräumen aus dem Ofen oder beim Legen ins Sägemehl aus Gründen der Reduktion. So wird die Engobe an Ort und Stelle gehalten und ist zudem nach dem Schmelzen nicht so leicht vom Rauch zu durchdringen.

Wenn die Engobe so konzipiert ist, dass sie im Brand nur unwesentlich weiter sintert als im Schrühbrand, dann sollte sich die äußere Schicht nach dem Abkühlen und dem Rauchbrand abpellen lassen wie die Schale von einem Ei. Wenn doch Engobe zurückbleibt, lässt sie sich durch leichtes Reiben mit Wasser entfernen. Die resultierenden Muster aus kohlschwarzen Risslinien entfalten auf einer blassen, glatten Oberfläche eine großartige Wirkung. Je dicker die aufgetragene Engobe ist, desto größer und seltener sind die Risse, d.h. desto grober das Muster. Je dünner die Engobe, desto kleiner die Risse und desto weniger offensichtlich das Muster.

Man sollte auch nicht außer Acht lassen, dass der Rauch umso besser durch die eigentliche Schicht dringen kann, je dünner Engobe und Glasur sind. Dadurch entsteht eine weniger klare, aber atmosphärisch dichtere Wirkung auf einer dunklen Tonfläche. Experimentieren Sie mit verschiedenen Auftragsstärken auf verschiedenen Teilen des Objekts und Sie können um das Objekt herum verschieden klar ausgeprägte Muster bewirken oder etwa kleine Risse an Hals und Rand herstellen und größere an anderen Stellen. Die Engobe schwindet etwas, aber bei zu großer Schwindung tritt wieder das

Problem des Abblätterns zur falschen Zeit auf. Daher arbeitet Jerry Caplan bei dieser Technik gar nicht mit Glasur, sondern verhindert das Abfallen seiner sehr dicken Engobe dadurch, dass er sie meist auf horizontale Oberflächen aufträgt.

Die Glasur braucht nicht die gesamte Oberfläche zu bedecken: der Rauch durchdringt die engobierten Bereiche nur mit Erfolg, wenn die Engobe nicht zu dick ist. Auch lassen sich Bereiche entweder vor dem Engobeauftrag abdecken, so dass die Oberfläche des Objekts immer im Brand zum Vorschein kommt, oder es wird auf der Engobe abgedeckt, wodurch sich Unterschiede in der Rissbildung und in der Raucheinwirkung ergeben.

Klebebänder und Wachse können als Abdeckmittel verwendet werden, solange sie auf der Oberfläche halten. Bänder eignen sich für polierte geschrühte Oberflächen, aber weniger auf der Glasurschicht und schon gar nicht auf ungebrannter Glasur, für die Wachse eher zu empfehlen sind. Feuchtes Papier eignet sich ebenfalls, aber wenn man die Maske vor dem Brand entfernen muss, ist Vorsicht und Timing geboten wegen der Gefahr des Abblätterns der Ränder.

Die meisten Künstler, mit denen ich gesprochen habe, empfehlen das Glasieren von eher größeren als kleinen Flächen, denn bei kleinen engobierten Flächen und kleinen Engobe-Glasur-Flächen besteht die Gefahr, dass sie im Brand abfallen. Wenn man die richtige Engobe nimmt und Vorsicht walten lässt, kann man dieses Problem umgehen.

Risse ermuntern

Man kann auch Rissbildung kontrolliert hervorrufen, indem man die Engobeoberfläche vor dem Trocknen bearbeitet und wie folgt vorgeht. Erst wird das Stück angefeuchtet, damit die Engobeschicht etwas anzieht, aber noch weich bleibt. Dann wird mit der feinen Spitze etwa einer Nadel oder eines Stifts oder sogar einer Pinselborste das Muster gezogen, das später erscheinen soll. Sehr wichtig ist, dass die gezogenen Linien im Ton eine Vertiefung hinterlassen. Diese Technik beruht auf der Tatsache, dass die Engobe beim Trocknen und Schwinden entlang der Linien mit dem geringsten Widerstand reißt, also dort, wo die Spitze die Vertiefung geschaffen hat.

Geben Sie Acht, dass Sie nicht durch die Engobeschicht hindurchschneiden, andernfalls blättert sie beim Trocknen wahrscheinlich in Stücken ab, die die Form des Musters haben, oder die zur Schaffung der Kruste aufgetragene Glasur kommt mit der Gefäßoberfläche in Kontakt, verschmilzt mit ihr und führt so zu rauhen Bereichen. Jerry Caplan malt durch seine Engobeschicht, aber da sie horizontal aufliegt, fällt sie bei vorsichtiger Handhabung nur dann herunter, wenn sie soll.

Wenn die Stücke fertig sind, müssen sie vor dem Brand gründlich durchtrocknen, damit eventuelle entweichende Feuchtigkeit nicht die Abdeckschicht absprengt. Das Bewegen der Stücke im Brand sollte vermieden werden oder doch sehr vorsichtig geschehen, damit die Krustenschicht nicht verschoben wird. Eine gute Möglichkeit ist das Benutzen des Ofens als Reduktionskammer, damit man die Stücke erst gar nicht mit Zangen greifen muss. Andererseits könnten so nur ein paar Stücke am Tag gebrannt werden. Besseren Zugang zu den heißen Stücken hätte man mit einem Haubenofen. Jerry Caplan hat eine sehr interessante Brenntechnik entwickelt, um diesem Problem beizukommen. Sie wird in dem Abschnitt über ihn (siehe S. 113) näher beschrieben.

Man könnte auch die Engobeschicht unangetastet lassen und die Muster auf die ungebrannte Glasurschicht malen. Wenn die Glasur dann schmilzt, kann der Rauch leichter in die Engobeschicht eindringen (siehe Abschnitt über Dave Roberts S. 108–110).

Färbungen

Manche Abdeckmasken und -flüssigkeiten verändern die Farbe der Oberfläche, wenn sie im Rauchbrand mitverbrennen. Das Abdeckmaterial (auf Papier-, Kunststoff- oder Gummibasis) oder der verwendete Kleber können zu dieser Wirkung beitragen. Sie entsteht entweder aufgrund von verschieden starker Reduktion (durch verschieden starke Verbrennung der Maske) oder durch die von den Bestandteilen des Maskenmaterials verursachten chemischen Reaktionen.

Auch der Auftrag von Engobeschichten auf abgedeckte Flächen führt zu sehr spannenden Ergebnissen, wobei die Engobe dazu dient, Dämpfe an der Oberfläche zu halten. Als Abdeckmaterial ist hierbei Abklebeband gebräuchlich. Auf diesem Gebiet stellt Jane Perryman sehr interesssante Arbeiten her (siehe Abschnitt über Jane Peryman S. 87–88).

Dave Roberts (GB)

Dave Roberts ist für seine handwerklich exzellenten Rakugefäße mit weichen, blassen Oberflächen und dunklen Reduktionsmustern bekannt. Allein seine Aufbautechnik verrät sein Geschick, denn seine Gefäße sehen wie gekonnt gedrehte und abgedrehte Stücke aus. Sie sind aber mit Wülsten aus weißem St. Thomas Ton von Potclay mit 6,5 % Feinschamotte hergestellt. Wenn das geglättete Objekt lederhart ist, wird es mit einer dünnen Schicht aus geschlämmter Engobe überzogen, die aus ESVA Ball Clay mit Farbkörperzusatz besteht (siehe Rezepte S. 125). Dann wird die Oberfläche mit verschiedenen Metall- und Holzwerkzeugen poliert, langsam getrocknet und bei 1000 °C geschrüht.

Als nächstes wird das Objekt mit einer dicken Schicht (bis zu 3 mm) aus Abdeckengobe besprüht. Die Engobe besteht aus 3 Teilen China Clay und 2 Teilen Flint-

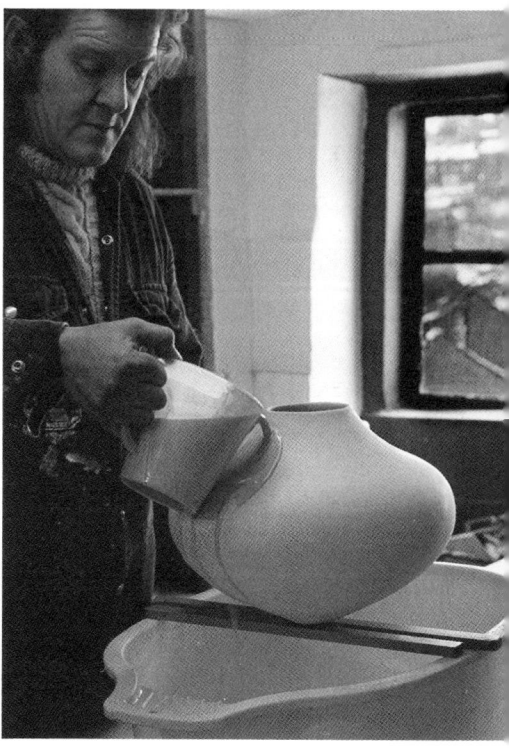

Dave Roberts beim Übergießen des polierten und geschrühten Stückes mit Engobe.

stein plus 10 % Kupferoxid. Die Dicke kann man mit einer Nadel prüfen. Nach erneutem gründlichen Trocknen wird eine Rakuglasur aufgespritzt (siehe Rezepte S. 125). Wichtig hierbei ist, dass die Glasur eher als puderige Schicht aufliegt denn als gefluteter Bereich. Deshalb geschieht das Spritzen auch aus einiger Entfernung, damit die Glasurpartikel in der Luft trocknen können, bevor sie auf der Oberfläche landen. Die Glasur wird in mehreren Schichten aufgesprüht. Dann, nach neuerlichem Tocknen, wird mit einem spitzen Werkzeug (Dave findet Zahnstocher am geeignetsten) das Muster durch die Glasurschicht in die darunterliegende Engobe geritzt. Wenn das Objekt noch feucht ist oder die Glasur aufgeschüttet wurde, kann die Glasur

Das Einritzen der Schichten führt zu einer »Schwachstelle«, durch die Rauch dringen kann.

Unten
Schon beim Herausnehmen des Gefäßes aus dem Ofen beginnt die Engobe-Glasur-Schicht abzublättern.

Die Kruste wird entfernt und die Dekoration darunter wird sichtbar. Fotos von David Roberts.

David Roberts (GB): Aufgebautes Gefäß, Durch-
messer 40 cm. Poliertes Raku unter Verwendung
einer Maskenschicht aus Ton und Engobe.

beim Zeichnen abblättern und einen
gezackten Rand verursachen, was dem
Ergebnis schadet. Wenn man richtig vorgeht, mag das Muster zunächst recht
grob wirken, aber nach dem Brand ist
die Optik wunderbar fein.

Dann werden die Stücke einzeln bei
850 °C bis 910 °C gebrannt, glühend dem
Ofen entnommen und in einen Behälter
mit Deckel (etwa eine Mülltonne) gelegt
und mit Sägemehl oder Stroh bedeckt,
um eine gute Reduktion zu erreichen.
Durch den Brand wird die äußere Glasurschicht geschmolzen und die Abdeckengobe geschrüht. Die Engobe schwindet
auch leicht und beginnt zu reißen, da sie

nicht mehr mit der Oberfläche verbunden
ist. Da die Engobe aber von der geschmolzenen Glasur zusammengehalten wird,
entstehen die Risse dort, wo das Muster
in die Glasur geritzt wurde, d.h. am Punkt
des geringsten Widerstands. Im Reduzier-
behälter kann der Rauch nun in diese
Risse eindringen und zu schwarzen Linien
auf der Oberfläche führen, die exakt das
geritzte Muster wiedergeben. Wenn das
Stück abgekühlt ist, lässt sich die Engobeschicht wie eine Eierschale abpellen und
das geräucherte Muster freilegen. Die
Stücke werden gewaschen, gewachst und
poliert, um alle feinen Farbnuancen zur
Geltung zu bringen, die durch den Rauch,
die Farbkörper und das Kupfer in der
Engobe entstanden sind.

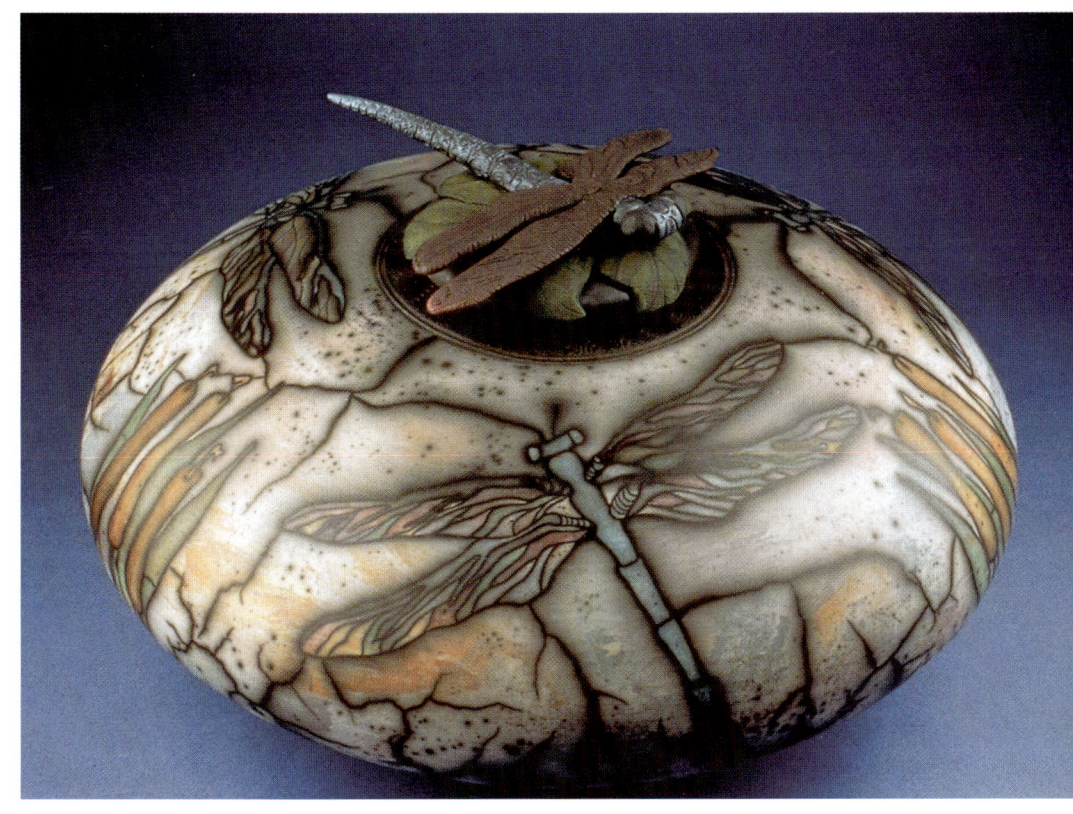

Kate und Willie Jacobson (USA)

Kate und Willie Jacobson (USA): »Swamp Art«, Höhe 30 cm. Farbige polierte Tonmassen mit dünnem Acrylüberzug.

Kate und Willie Jacobson arbeiten zusammen und machen sich ebenfalls die Eigenschaft des Rauchs im Rakubrand zunutze, eine Schicht aus Engobe und Glasur zu durchdringen und so die Oberfläche zu schwärzen. Zunächst werden ihre Stücke gedreht, abgedreht und poliert. Dann werden sie normal bei 900 °C geschrüht. Eine Engobeschicht wird aufgepinselt und getrocknet, und dann mit einer Glasur von milchiger Konsistenz überschüttet. Dann steht der Endbrand an.

Vor dem Engobe- und Glasurauftrag aber ist zugeschnittenes Abklebeband für klar definierte Muster aufgeklebt worden. Die beiden arbeiten auch mit Wachsgarn, das sie um die Stücke legen oder mit

Aquarell-Abdeckflüssigkeit (eine Latexflüssigkeit) und erzielen damit erstaunliche Ergebnisse. Die Abdeckungen werden abgezogen, solange die Glasur noch feucht ist, um ein Abblättern am Rand des Musters zu verhindern. Dadurch entsteht eine schön klare Optik.

Im Ofen schmilzt bei 700 °C die Glasur, das Stück wird entnommen und in die Räucherkammer mit Sägemehl gelegt, wo der Rauch entsteht, mit dem nun die Bereiche geschwärzt werden, die abgedeckt waren, jetzt aber bloßliegen. Die Engobe ist nun geschrüht und auf der Oberfläche des Stückes geschwunden und eingerissen, sie wird aber noch von der geschmol-

zenen Glasur gehalten. Dadurch kann
der Rauch durch diese Ritzen an die darunterliegende Oberfläche dringen und
die charakteristischen schwarzen Linien
erzeugen. Nach dem Abkühlen werden
Engobe und Glasur abgepellt und das
Muster tritt zutage.

Manchmal überziehen die Jacobsons
auch das gesamte Stück mit Engobe, tragen
aber die Glasur nur mit dem Malbällchen

in ausladenden Bewegungen auf, was zu
spiralförmigen Glasurbereichen führt.
Durch den Brand entstehen dort, wo die
während die nur engobierten Bereiche
schwarz werden, weil die mit Glasur
bedeckten Bereiche dem Rauch besser
widerstehen.

Die Methode der Jacobsons ähnelt dem
Vorgehen anderer Künstler, aber durch
die Verwendung verschiedener Abdeckmaterialien lässt sich die Technik variieren,
die Form individuell interpretieren und
eine Vielzahl verschiedener Stilvarianten
erreichen.

*Jerry Caplan (USA): »Necee Regis«, Durch-
messer etwa 52 cm. Schablonenzeichnung in
Raku reduziert.*

Jerry Caplan (USA)

Jerry Caplan hat eine Variante der Raku-technik entwickelt, bei der meist Schalen und Teller im geschrühten Zustand mit Tonschablonen bedeckt werden. Die Stücke werden bei minimaler Rauchent-wicklung geräuchert mit einer Technik, die Jerry »Rauchloses Raku« nennt.

Da Ton beim Trocknen schwindet und da feuchter Ton nicht auf geschrühter Oberfläche hält, gießt er die Engobe in eine Schale, schwenkt die Innenseite da-mit aus und schüttet den Rest ab, so dass eine Schicht entsteht, die als Tonschablone fungiert. Die Engobe für die Tonschablo-ne ist normalerweise aus dem gleichen Ton wie die Schale, bloß aufgequirlt, da-mit sie eine mehr sahnige Konsistenz bekommt, und durch ein 60er Sieb gestri-chen, um die Schamotte zu entfernen. Durch diese Schablone hindurch kann Jerry dann das gewünschte Dekor ritzen.

Da die Schale bei 960 °C gebrannt wur-de, ist sie porös und saugt die Tonschablo-ne förmlich an. Diese wird fester, verliert ihren feuchten Glanz und erhält eine led-rige Konsistenz. In diesem Stadium wird die Zeichnung mit einer Töpfernadel durch die Tonschicht in die Schale darunter ein-geritzt. Wenn die Schablone weiter erhär-tet ist, kann man ganze Flächen sauber ent-fernen und so ein aus Formen und Linien zusammengesetztes Dekor herstellen.

Die Schale mit der Schablone lässt man ein paar Tage trocknen, damit das Wasser, das in den geschrühten Scherben gezogen ist, verdunsten kann. Manchmal trocknet Jerry die Stücke auch im Ofen, damit es etwas schneller geht. Wenn die Schablonen trocken sind, werden sie sehr zerbrech-lich, und man muss die Schale vorsichtig behandeln, um ein Verrutschen des Mus-ters zu verhindern.

Das getrocknete Stück kommt dann bei 650 °C in den normalen Ofen. Sobald die Temperatur erreicht ist, wird der Ofen abgeschaltet und das Stück mit Raku-handschuhen entnommen (Handschuhe sind Zangen vorzuziehen, weil man mit ihnen mehr Gefühl hat und dadurch die Schablone besser schonen kann). In der Zwischenzeit ist die Reduktionskammer vorbereitet. Sie besteht aus einer auf dem Boden liegenden Ofenplatte, auf die die heiße Schale gestellt werden kann. Ferner gehört eine Pappschachtel dazu, die etwas größer ist als das Objekt. Die Auf-lagefläche des Schachtelrandes auf der Ofenplatte wird durch einen Wall aus Sand abgedichtet. So wird wenig Brenn-material benötigt und der Rauch kann

Jerry Caplan mit einer dicken Engobeschicht vor dem Einritzen der Zeichnung.

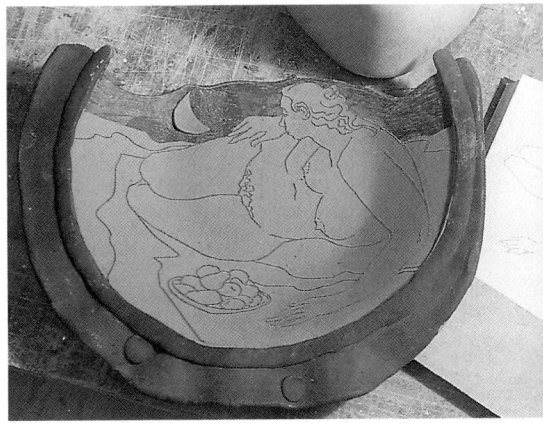

Fertige Zeichnung vor dem Brand.
Fotos: Jerry Caplan.

Jerry Caplan (USA): »Tanzende Figuren«,
Breite 40 cm, »rauchfreies Raku«.

nicht entweichen. Er entsteht durch eine
Lage Zeitungspapier unter dem Objekt
und einer Lage darüber. Das Papier entzündet sich sofort, so dass der Deckel
schnell aufgesetzt und die Schachtel abgedichtet werden muss. Wenn doch Rauch
ausdringt, kann man ihn mit mehr Sand
daran hindern.

Nach 5 bis 10 Minuten kann der Deckel
abgenommen und das verkohlte Papier
und die reduzierte Schale entnommen
werden. Die Schablone lässt sich einfach

herausklopfen. Geht das nicht, dann kann
man mit einer Töpfernadel nachhelfen
und das schwarzweiße Dekor freilegen.

Jerry Caplan arbeitet schon lange Jahre
erfolgreich mit Schwarzweißmustern und
hat jetzt erstmals Farbe hinzugefügt, indem er die Rohware vor dem Schrühbrand
mit Reward Velvetones bemalt.

Wenn die Schablone aufgetragen ist,
kann man nicht mehr genau nachvollzie-
hen, wo welche Farbe liegt, deshalb empfiehlt sich ein eher spontanes Vorgehen.
Wenn die Farben zu den Linien passen
sollen, zeichnet Jerry erst die Umrisse der
Farben nach, trägt dann die Engobe auf

wie sonst und überträgt das Muster auf die Oberfläche. Dann ist es kein Problem, die Linien mit der Nadel einzuritzen.

Jerry arbeitet meist mit flachen Objekten, weil die Schablone bei der Handhabung und im Ofen verrutschen könnte. Er hat auch mit senkrechten Flächen experimentiert und herausgefunden, dass sich strukturierte Oberflächen am besten eignen, weil die Engobe auf ihnen mehr Griff hat. Als Konsequenz allerdings ist die Maske nach dem Brand schwieriger zu entfernen und muss in Einzelteilen abgehoben werden. Die Forschungen zu diesem Thema laufen noch.

Diese Technik lässt sich vielfach abwandeln, indem man mit verschieden dicken Engoben, Massen und Farben experimentiert.

Ruth E. Allan (USA)

Ruth Allan stellt im Kapselbrand gedrehte Gefäße her, die vor dem Brand mit verschiedenen Ätz- und Abdecktechniken behandelt werden, um so die für sie typischen Pink- und Grautöne zu erzielen. Die Gefäße werden aus Porzellanton gedreht und im lederharten Zustand wie gewöhnlich poliert, um eine glatte Oberfläche zu schaffen, die für die feinen Farbnuancen besser empfänglich ist, die für Kapselbrand charakteristisch sind. Dann werden die Stücke auf verschiedene Arten weiterbehandelt je nach gewünschtem Ergebnis.

Ruth E. Allan (USA): Polierte Gefäße. Masken aus Tape und Draht, Kapselbrand.

Auf die weißtrockene Rohware wird gutes Abdeckwachs oder Schellack aufgetragen. Nach dem Trocknen des Mittels wird mit einem ziemlich feuchten Naturschwamm mehrmals über die Oberfläche gewischt. Dadurch wird in den nicht bedeckten Bereichen Ton abgetragen. Wenn das Stück dabei zu feucht wird, lässt man es trocknen und fährt später mit dem Wischen fort. Latexwachs eignet sich aufgrund seiner Gummi-Eigenschaften nicht für diese Technik, denn es löst sich beim Wischen gerne ab.

Mit dieser Technik lassen sich erhebliche Unterschiede in der Scherbendicke erzielen; die abgewischten Flächen kann man mit einem trockenen Zelluloseschwamm nachpolieren und so diese Flächen dem Rest des Gefäßes anpassen. Farbkörber und eingefärbte Engoben können auf die Oberfläche aufgetragen werden, bevor das Wachs aufgetragen wird oder nach dem Abwischprozeß. Wenn beispielsweise eine Fläche gewachst wird, dann abgewischt und schwarze Engobe aufgetragen wird, ergibt sich ein Schwarzweißdekor, bei dem die erhabenen Flächen weiß sind. Wenn die schwarze Engobe unter dem Wachs liegt, ist das Ergebnis umgekehrt. Seien Sie vorsichtig beim Abwischen von trockenem Ton, denn durch das eindringende Wasser dehnt sich der Ton aus und neigt zum Reiflen. Besonders häufig geschieht dies an dünnen Rändern. Hier hilft nur Versuch und Irrtum.

Die getrockneten Stücke werden nun normal geschrüht. Dann wickelt Ruth dünnen Kupferdraht darum und klebt Abrisse von Abklebeband auf, mit denen sie den Draht fixiert. Danach werden die Stücke in eine im Gasofen aus Schamottesteinen gebaute Brennkapsel gestellt. Um sie herum werden Sägemehl, Holzschnitze und Salz angeordnet, die während des Brandes bei 880 °C bis 1060 °C miteinander reagieren. Die Brenntemperatur wirkt sich auf die Farben aus und wird den zu brennenden Stücken angepasst. Beim Vorbereiten der Kapsel ist darauf zu achten, dass die eingesetzte Salzmenge stimmt. Zu viel Salz und zu schnelles Aufheizen können zu Rissen führen. Ruth hat viele Jahre gebraucht, bis ihre Technik so ausgereift war, dass die gewünschte Wirkung mit einem Minimum an Rissbildung entsteht.

Während des Brandes brennen die Späne, das Salz wird gasförmig und hinterlässt auf der Oberfläche wolkenartige Farbbereiche. Der Draht gibt seinen Kupferanteil ab und hinterlässt klare Linien mit einem »Heiligenschein«. Das Abdeckband scheint beim langsamen Verbrennen Minerale anzuziehen, die in der Kapsel schweben und zusammen mit dem Salz für weitere andersfarbige Stellen sorgen. Dabei ergeben verschiedene Tapes verschiedene Resultate, weil die Tapes unterschiedlich zusammengesetzt sind. Als »weiche« Masken beim Einräumen der Brennkapsel wird Stahlwolle oder Keramikfaser zwischen die Stücke gepackt.

Kapselbrand ist eine schwer steuerbare Technik, bei der man viel Übung braucht, um gleichbleibend gute Ergebnisse zu erzielen.

12. Sandstrahlen

Beim Sandstrahlen handelt es sich gewissermaßen um eine Art Sprayen, allerdings wird nicht aus einer empfindlichen Spritzpistole Farbe oder Glasur auf das Gefäß gelenkt, sondern ein Druckstrahl mit Sand oder Grit als Schleifmittel. Früher wurde meist Quarzsand in verschiedenen Partikelgrößen verwendet, das ist heute aber aus Gesundheitsschutzgründen verboten. Heutzutage werden hauptsächlich Aluminiumoxid, Aluminiumsilikat, Eisensilikat und Oliviensand verwendet. Die Schleifmittel sind extrem hart und wenn sie auf die Keramik oder ein anderes hartes Material treffen, reißen sie jedes Mal ein kleines Stück der Oberfläche ab, wobei ein kleiner Krater entsteht. Wenn der Sandstrahl zu lange auf einer Stelle verweilt, entsteht dort je nach Härte der Oberfläche früher oder später ein Loch. Hier sollte nicht unerwähnt bleiben, dass mit verschieden dimensionierten Sandstrahlgeräten und unterschiedlichen Sandkörnungen erstaunlich filigran gearbeitet werden kann, besonders wenn geeignete Masken zum Einsatz kommen.

Je nach gewünschter Wirkung kann Sandstrahlen in allen Stadien der Tonbearbeitung Anwendung finden, von feucht bis glattgebrannt.

Tonoberflächen

Bei weichem und lederhartem Ton neigt der Sand dazu, in den Ton eingebettet zu werden, während er die Oberfläche abträgt, und die Resultate lassen an Qualität und Effektivität eher zu wünschen übrig.

Durch abgetragene feuchte Partikel wird ein guter Fluss des trockenen Schleifsandes erschwert und es kann zu Blockaden kommen. Generell ist es besser, je trockener das abgetragene Material ist.

Wirkung von Sandstrahlen auf eine Tonplatte. Der dicke trockene Ton wird vom Sandstrahl schnell durchlöchert.

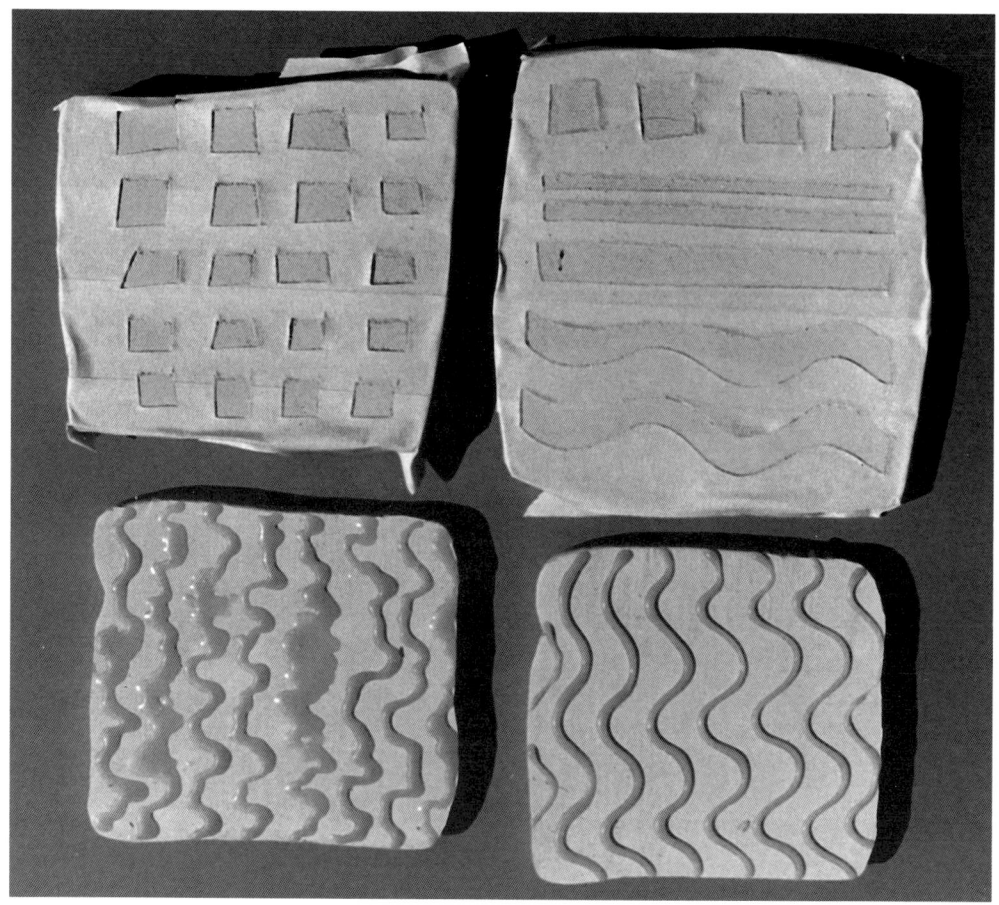

Masken aus Abklebeband und Latex auf ungebranntem Ton.

Der Sand sollte immer trocken verwendet werden. Beim Sandstrahlen von weichem Ton ohne Masken wird die Oberfläche leicht gekräuselt, wie die Sandmuster, die die Ebbe zurücklässt. Die gleiche Wirkung lässt sich auch nur mit Druckluft erreichen, daher braucht Sand nur verwendet zu werden, wenn eine bestimmte Struktur- oder Farbwirkung erreicht werden soll.

Bei trockenem Ton frisst sich der Sand sehr schnell durch die Oberfläche, besonders dort, wo die Wandung dünn ist. Die Kraft des Luftstroms führt auch ohne weiteres zum Abreißen von Rändern und zum Reißen von dünnen Wandungen. Hier muss man ausprobieren, wie weit man gehen kann.

Diese Technik führt zu einer charakteristischen Oberflächenstruktur des Tones, und je rauher der Ton oder das Schleifmittel, desto mehr Struktur bekommt die Oberfläche. Man kann freihand arbeiten, aber die besseren Resultate erzielt man mit Masken. Die Wirkungen sind mit anderen Methoden weniger leicht zu erzielen.

Schrühware kann man mit dieser Technik genauso behandeln wie trockenen Ton, nur ist sie härter, so dass man mehr Zeit zum Überlegen hat, welche Wirkung der Sandstrahl gerade hat. Außerdem

brechen die Stücke bei der Handhabung weniger leicht, weil sie härter sind. Nach der Behandlung kann man sie mit oder ohne Glasur glattbrennen. Norrmalerweise ist ihre Wirkung ohne Glasur größer, da so die Feinheiten in der Struktur nicht überdeckt werden.

Geschrühtes durchscheinendes Porzellan dürfte eigentlich ein interessantes Studiengebiet sein, wenn man verschiedene Wandstärken und unterschiedliche Lichtabsorption nach dem Glattbrand erreichen könnte, ähnlich wie Jeroen Bechtold mit der Schellack-Schwamm-Technik auf Seite 22.

Wenn man mit Objekten arbeitet, auf die Schichten von verschiedenfarbigen Engoben aufgetragen wurden, kann man die Schichten abtragen und die darunter liegenden Farben und Schichten freilegen. Eine größere Sandkörnchengröße bewirkt eine interessantere Struktur.

Auf glasierten Oberflächen lassen sich mit dieser Technik einfarbige Glasuren mit verschiedenen Oberflächen erzielen. Oder man trägt mehrere verschiedenfarbige Glasurschichten auf und sandstrahlt durch die einzelnen Schichten. Man

Die Tonplatten nach dem Sandstrahlen. Da das Abklebeband nicht gut auf dem trockenen Ton haftet, ist es vom Luftdruck angehoben worden. Das Latex ist jetzt matt.

könnte auch durch alle Glasurschichten gehen bis auf den Ton oder sogar durch den Ton hindurch. Wenn der Scherben eine interessante Farbe hat, kann das sehr fesselnd wirken.

Hinweis: Wenn Sie glasierte Oberflächen bearbeiten wollen, darf der Ton nicht gesintert sein, wenn sie ihn abtragen wollen. Wenn der Ton nämlich härter ist als der Sand, dann bleibt die Oberfläche unversehrt.

Sandstrahlgebläse

Hierbei handelt es sich um ein hochspezialisiertes Gerät mit einem sehr harten Mundstück aus Wolframkarbid, dem die Schleifwirkung des Sandes nichts ausmacht und das in verschiedenen Größen erhältlich und für verschiedene Partikelgrößen und andere Bedürfnisse umrüstbar ist. Machen Sie auf keinen Fall Experimente mit Ihrer Spritzpistole, sie wäre in

Nach Entfernen der Masken zeigen sich unter dem Latex klare Linien, während der Sand das Tape »unterspült« hat, wodurch die Linien verwaschen wirken.

Sekundenschnelle ruiniert. Das entsprechende Werkzeug wird auch in der Hausrenovieung zum Reinigen von Ziegeln und Steinen verwendet, und man kann es mieten. Die Hersteller bieten Vorführungen an. Wenn Sie bereits einen guten Kompressor für Ihre Glasuren haben, ist das schon die halbe Miete. Er muss mindestens 5 bar generieren können; Airbrushkompressoren sind zu schwach.

Sie können sich wahrscheinlich vorstellen, dass der Sand, wenn er mit so hoher Geschwindigkeit herauskommt, sich überall verteilt. Deshalb geschieht diese Arbeit meist in einer dichten Kammer, so dass der Sand recycled werden kann. Das ist wichtig, denn er kommt in so großen Mengen aus dem Gerät, dass alles andere Verschwendung wäre. Der Sand in der Kammer wird über einen Rost im Boden wieder in den Sandbehälter gesogen. Die Kammer verfügt über ein Fenster aus gehärtetem Glas und über schwere, abgedichtete Gummihandschuhe, in die man von Außen mit den Händen fährt, und mit denen man arbeitet, die aber auch die Haut vor gravierenden Abschürfungen schützt. Der Sand, der durch die Kammer wirbelt, behindert die Sicht zum Teil schon.

Masken aus Abklebeband auf geschrühten Tonplatten.

Die sandgestrahlten Platten. Das Abklebeband haftet besser auf dieser Oberfläche, die allerdings härter ist und ein Ausfransen der Klebebandränder bewirkt.

Nach Entfernen der Masken erscheinen klare Linien, die allerdings wegen der größeren Härte des Materials weniger tief sind als bei ungebranntem Ton.

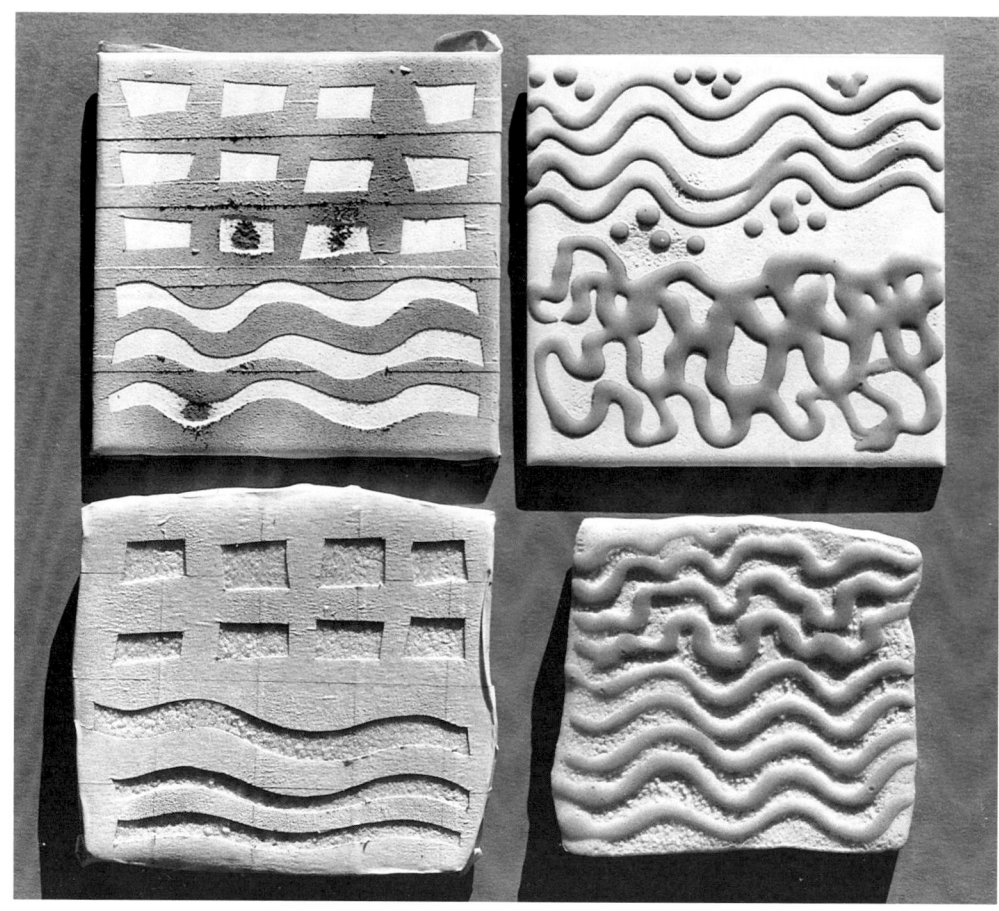

Glasierte Fliesen maskiert und sandgestrahlt.
Oben harte Glasur, unten dicke, weiche Glasur.
An einigen Stellen ist die Glasur vollständig
abgetragen.

An den meisten Kunsthochschulen gibt
es Sandstrahlkammern, in denen man,
Einverständnis vorausgesetzt, experimentieren kann, bevor man sich die Ausrüstung selbst zulegt. Diese ist teuer und wer
praktisch veranlagt ist, kann sich vielleicht
aus Metall oder Holz die eigene Kabine
bauen. Der Vorteil von Holz ist die leich-
tere Verarbeitung, aber es wird schneller
vom Sand angegriffen und zerstört. Eine
Kabine sollt eher groß als klein sein,
damit der Sand nicht mehr so schnell ist,
wenn er auf die Wände trifft. Fenster sowie
die benötigten schweren Handschuhe

gibt es bei Herstellern von Sandstrahlka-
binen. Grundsätzlich benötigen Sie eine
Kiste auf Beinen mit einem Fenster, den
Handschuhen und einer gut dichtenden
Tür, durch die die Stücke hereinkommen.
Konkrete Pläne für eine solche Eigenbau-
ausrüstung könnte ich hier nicht vorle-
gen, so dass jeder Interessierte eigene
Experimente anstellen muss.

Größere Stücke können im Freien sandgestrahlt werden. Dabei ist das Tragen
von Gesichts- und Augenschutz nicht zu
vergessen. Außerdem sollte es sich um
einen Ort handeln, wo der fliegende Sand
kein Problem ist.

Sandstrahlen kann man wie gesagt, um
eine glasierte Oberfläche einfach zu mattieren oder um Ton mit einer interessan-

ten Stuktur zu versehen, aber wenn man
Masken verwendet, sind alle möglichen
Wirkungen machbar.

Nach dem Entfernen der Masken wird der
Unterschied zwischen der matten, abgetragenen
Glasur und der glänzenden Glasur deutlich.

Masken

Der Schleifsand hat keine Probleme, alle
möglichen harten Oberflächen anzugrei-
fen, nur bei weichem Untergrund dauert
es länger, weil die Geschwindigkeit und
damit die Schärfe beim Aufprall stark reduziert werden. Deshalb sind Masken aus
weichem Material die Wahl der Stunde.
Alle Materialien werden allerdings früher
oder später zerstört, so dass längeres
Arbeiten auf einer Stelle die Herstellung
mehrerer Masken der gleichen Form
nötig macht, die bei Bedarf ersetzt werden

können. Geeignet in verschiedenem Maße
sind Pappe, Papier, Klebebänder, Plastikfolie, Filz, Teppich und Gummi, entweder
als Blatt oder in Latexform, sowie einige
Metalle, am besten Blei oder Aluminium.
Ich fand heraus, dass alte Lithographie-
druckbögen, die beim Drucker in der
Nachbarschaft erhältlich sind, gut funktionieren. Dabei handelt es sich um dünne
Aluminiumbögen, die sich einfach mit
einem starken, scharfen Messer oder einer
guten Schere schneiden und den Konturen des Objektes anpassen lassen. Auch
Latex ist sehr vielseitig, weshalb ich meine

ersten Versuche damit machen würde. Die Masken werden entweder an ihrer Position befestigt oder mit der Hand gehalten, wobei der Arm ausreichend geschützt sein muss.

Es scheint, als könne die Maske um so dünner sein, je feiner der Sand ist, so dass auch Abklebeband sehr nützlich sein kann. Normalerweise wird der Rand der Maske zuerst verschlissen, und wenn klare Ränder gewollt sind, müssen mehrere Masken nacheinander aufgesetzt werden. Je weicher das Objekt ist, das Struktur bekommen soll, desto stärker die abtragende Wirkung des Sandes. Umgekehrt bedeutet dies weniger Beschädigung der Maske und daher einen klareren Rand. Latex eignet sich gut für trockenen Ton, Abklebeband für geschrühte oder glasierte Oberflächen und Metall für geschrühten Ton oder gebrannte Glasur.

Nachteile von Masken

Ein paar entscheidende Nachteile hat das Sandstrahl-/Maskenverfahren. Die Geschwindigkeit des Sandes und der Luft ist so groß, dass die Maske schnell von der Oberfläche geblasen werden kann. Sie muss entweder gut befestigt sein oder ziemlich starr. Abklebeband zum Beispiel haftet einigermaßen auf trockenem Ton und ist bei verschiedenen bereits vorgestellten Verfahren von Vorteil, aber beim Sandstrahlen löst es sich sofort, und der Sand gerät unter die Kanten, so dass klare Linien nicht möglich sind. Auf glasieren Oberflächen wiederum funktioniert Abklebeband dann doch wieder.

Wenn der Einschnitt in die Oberfläche tief ist und die abgetragene Tonoberfläche niedriger liegt als das Niveau der Maske, wird der Ton unter der Maske seitlich abgetragen. Das kann dazu führen, dass feine Linien verschwinden und die Maske in der Luft flattert. Die Lösung besteht darin, Masken für tiefe Einschnitte erheblich weiter anzulegen als später beabsichtigt.

Die Pistole sollte im 90°-Winkel zur Oberfläche stehen, um zu vermeiden, dass der Sand sich bis unter die Masken durchfrisst und diese anhebt oder abblättert.

Bei dieser Gelegenheit sei darauf hingewiesen, dass alle Fehler und fehlerhaft verwendeten Materialien und Techniken immer auch zu neuen interessanten Ergebnissen führen können.

Schlussbemerkung

Bei allen meinen Experimenten erwies sich Latex als das brauchbarste Material für Masken, besonders in Form der Copydextuben, die auf Seite 39 beschrieben sind. Einige der Ergebnisse zeigen die Fotos. Mit Gummi ließ sich die Oberfläche am längsten bearbeiten. Sie wurde problemlos abgetragen, während das Copydex kaum angegriffen wurde.

Die Möglichkeiten des Sandstrahlens sind mir schon seit Jahren bekannt, nur habe ich bis jetzt noch niemanden gefunden, der in einem größeren Umfang damit arbeitet. Vielleicht sind die Resultate, die ich bei der Arbeit an diesem Buch erzielt habe, einmal Ansporn für einen kreativen Kopf, etwas aus dieser Technik zu machen.

13. Rezepte

Rimas VisGirda (USA)

Weiße Engobe für 1050 °C

Kaolin (EPK)	720
Ball Clay (OM4)	720
Nephelinsyenit	900
Flint	1080
Borax	180

Schwarze Engobe für 1050 °C
1 Pint (0,57 Liter) weiße Engobe
3 Esslöffel Kobalt
4 Esslöffel rotes Eisenoxid
4 Esslöffel schwarzes Eisenoxid
5 Esslöffel Mangandioxid
4 Esslöffel schwarzer Farbkörper (falls vorhanden)
2 Esslöffel Kaolin
2 Esslöffel Ball Clay

Dave Roberts (GB)

Abdeckengobe für 1000 °C
2 Teile Flint
3 Teile China Clay
nach Volumen
plus 10 % Kupferoxid

Rakuklasur für Abdeckengobe 1000 °C

Boraxfritte	45
Alkalifritte	45
China Clay	10

Carolyn Genders (GB)

Engobe für 1160 °C
33 % weißer Steinzeugton (wie Scherben)
33 % Pottasche-Feldspat
33 % Ball Clay (Hyplas 3354)
10-20 % Blei-1,5-Silikat
10-15 % Farbkörper zugeben, ab 15 % keine Steigerung der Farbintensität mehr. Zugaben zwischen 0,5 und 10 % ergeben verschiedene Intensitätsstufen einer Farbe. Zugabe von Oxiden zwischen 0,5 und 6 %. Karbonate machen die Farbe weicher.

Biegsames Wachs
66 % Wachs
33 % Vaseline
Verschmelzen und heiß verwenden.

Bevorzugtes Latexwachs: Clayman, Pagham, Nr. Bognor Regis, Sussex

Sutton Taylor (GB)

Glasurbeispiel für Lüster 1120–1140 °C, oxidierend

Bleibisilikat	33
Calciumboratfritte	18
Pottasche-Feldspat	25
Zinkoxid	2
Quarz	14
Steingutton	8
Zinnoxid	8

Die optimale Temperatur für Lüster-reduktion beträgt 750 °C im Gasofen und 730 °C im Holzbrand.

Beispiel 2 für Lüster 1060 °C oxidierend

Alkalifritte	90
Kaolin	7
Zinkoxid	3

Eine sehr weiche Glasur, die optimale Temperatur für Lüsterreduktion beträgt 630 °C.

Tonmaske mit Lüstersalzen

Kaolin	95
Gummiarabikum	5

Das Verhältnis Metallsalze/Ton kann zwischen 5:95 und 40:60 liegen.

Stichwortverzeichnis

Kursiv gesetzte Seitenzahlen verweisen auf Abbildungen